DIE ZUKUNFT DER SICHERHEIT

Neue Ansätze für NATO und EU

Rolf Clement / Detlef Puhl

DIE ZUKUNFT DER SICHERHEIT

Neue Ansätze für NATO und EU

INHALT

Einleitung   8

1. Die Welt ist aus den Fugen   15
   Krise 1: Die Pandemie   15
   Krise 2: Der Abzug der NATO aus Afghanistan   17
   Krise 3: Russlands Krieg gegen die Ukraine   18
   Krise 4: Der Angriff der Hamas auf Israel   20
   Die ersten Reaktionen   21

2. Wie die Krisen kumulierten   23
   Die Friedensdividende ist verbraucht   23
   EU und NATO greifen erstmals ein   25
   Internationale Eingriffe   26
   Die Konfliktbreite nimmt zu   28
   Verhaltener Kampf um Demokratie   31
   Die Staatengemeinschaft reagiert zurückhaltend   32
   Vernetzte Sicherheit   32

3. Wie sich das internationale System verändert   33
   Das Ende der regelbasierten Ordnung   34
   3.1 Der UN-Sicherheitsrat – obsolet?   35
   Die Blockkonfrontation beginnt   36
   Entspannungsbemühungen   36
   Der Sicherheitsrat – ein Papiertiger?   38
   Beliebiges Völkerrecht   40

UN-Charta – westlich geprägt?   41

Der Internationale Strafgerichtshof   42

3.2 Die OSZE - vor dem Aus?   43

Zartes Pflänzchen der Kooperation   43

Vertrauen wurde langsam aufgebaut   44

Der NATO-Doppelbeschluss   46

Die OSZE ergreift Maßnahmen für Demokratie
und Frieden   47

Wie belastbar sind Vereinbarungen?   48

Ein Modell für die Zukunft?   49

3.3 Die NATO – Ausweitung oder Konzentration
aufs Wesentliche?   51

Die NATO und Corona – auf der Suche
nach Orientierung   52

Was ist NATO-Solidarität?   57

Herausforderung für die NATO: Kohäsion   64

Streitthemen der Allianz   68

Kann es bei „NATO 2030" bleiben?   73

Schlussfolgerungen für die NATO   80

3.4 EU – Krisen- und Handlungsfähigkeit oder Zerfall?   84

Auf dem Weg zu einer politischen Union?   85

Gesundheitsunion als Zwischenschritt?   92

Nächste Etappe: Transferunion?   101

Schlussfolgerungen für die EU   110

**4. Herausforderungen für und Erwartungen
an Deutschland**   **115**

4.1 Partner Frankreich – europäisch autonom?   118

Neue geostrategische Herausforderungen
aus Pariser Sicht   120

Welche Handlungsfähigkeit für die EU?   **126**
Schlüsselrolle für die NATO   **132**
Strategische Überlegungen der engsten
    Partner verstehen   **135**
4.2 Partner USA – transatlantisch oder indo-pazifisch?   **137**
Die strategischen Herausforderungen für
    die Weltmacht   **141**
Die Rolle der NATO aus Sicht der USA   **146**
Die USA und Europa   **152**
4.3 Ideen für Deutschland?   **156**

5. Resilienz der Demokratie   **163**
5.1 America first   **164**
5.2 Nationalismus in Europa   **171**
5.3 Stimmt der demokratische Kompass?   **176**

6. Was ist zu tun?   **179**
6.1 Strategisches Denken und Handeln   **179**
Welche Zukunft hat die NATO?   **182**
Welche Zukunft hat die EU?   **195**
6.2 Transparenz und Glaubwürdigkeit   **209**

7. Ausblick   **215**
7.1 NATO konzentriert   **217**
7.2 EU reformiert   **219**

Die Autoren   **227**
Detlef Puhl   **228**
Rolf Clement   **229**

EINLEITUNG

Wir haben keine Zeit mehr. Europa muss sich in den Kräftespielen der Welt behaupten. Um dies zu erreichen, sind zwei Voraussetzungen unverzichtbar: Die EU braucht mehr Kompetenzen und eine inhaltlich gemeinsame politische Haltung.

Doch die Bereitschaft, den europäischen Institutionen mehr Kompetenzen zu geben, ist aktuell wenig ausgeprägt. Das haben die letzten Monate besonders deutlich gezeigt. Bei der Formulierung einer wirklich verbindlichen und inhaltlich starken politischen Strategie nehmen die Meinungsunterschiede in EU und NATO immer mehr zu.

▶ Die USA haben den Schwerpunkt ihrer außenpolitischen Aktivitäten nach Asien verlagert. Wie wird sich Washington nach der Präsidentschaftswahl neu aufstellen? Welchen Einfluss werden dann diejenigen haben, die die Beistandsgarantie der NATO infrage stellen?

▶ China setzt ökonomische und politische Mittel ein, um die eigene Position zu stärken, und scheint wenig gesprächsbereit mit den USA.

▶ Russland führt einen Krieg in Europa gegen die Ukraine ohne erkennbare Bereitschaft zu wirklicher Verständigung.

▶ EU-Europa verliert immer mehr seine Einigkeit nach innen und außen. Das Führungstrio der EU (Kommissionspräsidentin, Ratspräsident und Außenbeauftragte) wurde vom EU-Gipfel mit zwei Gegenstimmen nominiert, ein zumindest höchst seltener Vorgang. Mit Italien, Ungarn, den Niederlanden und der

Slowakei betreiben vier Staaten eine Politik, die das Einigungs-
werk der EU unterlaufen. Frankreich geht einer unbeständi-
gen Zukunft entgegen. Präsident Emmanuel Macron, der einst
mit einer visionären EU-Agenda Wahlen gewann und beständig
europäische Verteidigungsbereitschaft einforderte, wurde
von den Wählern abgestraft und ist nur noch bedingt handlungsfähig, während die EU nichts so dringend braucht, wie
eine politische Orientierung für die Zukunft. Eine Macht, die
die EU ziehen könnte, ist aber nicht erkennbar. Auch in
Deutschland ist eine solche Kraft nicht in Sicht. Der deutlich
gestärkte Einfluss rechter nationalistischer Strömungen in
vielen Ländern Europas kennzeichnet einen Zeitenwechsel,
der die Verantwortlichen vor große Herausforderungen stellt.

▶ Ein besonderes Beispiel für die Uneinigkeit in der EU in wesentlichen Fragen der Politik waren im Juli 2024 die spektaku-
lären, im Ergebnis erfolglosen, aber völlig unabgestimmten
Besuche des ungarischen Ministerpräsidenten Orbán in Kiew,
in Moskau bei Russlands Machthaber Wladimir Putin und
auch in Peking – nur wenige Tage nach Übernahme der EU-
Präsidentschaft durch seine Regierung. Dieses Verhalten wird
nachwirken. Es legt die Meinungsverschiedenheiten offen wie
kaum jemals zuvor in einem Bereich, in dem es auf die Einigkeit besonders ankommt. Putin, gegen den ein Haftbefehl wegen Kriegsverbrechen vom Internationalen Strafgerichtshof
vorliegt, kann damit einen Propagandaerfolg verbuchen: Selbst
ein führender Repräsentant der EU redet wieder mit ihm, be-
hauptet er. Orbán aber hatte kein Mandat der EU und vertrat
nicht einmal die Mehrheitsmeinung der EU, geschweige denn
eine abgestimmte Position.

Eine positive Entwicklung sollte nicht verschwiegen werden. Großbritannien hat nach den Unterhauswahlen am 4. Juli 2024 eine neue Bereitschaft erkennen lassen, vor allem in der Sicherheitspolitik mit dem EU-Europa wieder enger zusammenzuarbeiten. Ein bilaterales Sicherheitsabkommen mit Deutschland soll dafür der Auftakt sein.

Dennoch: Europa müsste in dieser Welt klarer Position beziehen und diese auch gemeinsam umsetzen. Die Welt ist unruhiger und auch komplizierter geworden. Das Ringen der Großmächte um Einfluss und Macht rund um den Globus fordert die internationale Politik immer wieder und immer härter heraus. Die scheinbare Ruhe, die bis in die frühen 2010er-Jahre die internationale Lage prägte, ist dahin. Die Elemente der neuen Unruhe sind vielfältig.

► Eine Zunahme autoritärer Regime und deren aktivere, nicht gerade positive Rolle in der Welt hat die Herausforderungen verschärft.

► Der „Westen", also die freien Demokratien, die durch Rechtsstaatlichkeit, Toleranz und friedliches Zusammenleben geprägt sind, verliert immer mehr an Einfluss und mittlerweile auch an innerer Festigkeit.

► Hinzu kommt das Anwachsen islamistischer Gruppen, die auch vor Terrorakten nicht zurückschrecken.

► Chinas oft erfolgreicher Versuch, durch nicht militärische Mittel neue Abhängigkeiten zu schaffen, bedarf ebenfalls einer Antwort.

Eine erfolgreiche wertorientierte Außen- und Sicherheitspolitik westlicher Demokratien wird immer schwieriger. Natürlich ist es grundsätzlich richtig, Außenpolitik an Menschenrechtsstandards zu koppeln. Dass dies an manchen Stellen bedeutet, dass sich Staaten von Europa ab- und Partnern hinwenden, die eine solche Forderung nicht erheben, also auch Nachteile mit einer solchen Orientierung verbunden sein können, wird zu Recht in Kauf genommen. Die Situation wird weiter verschärft durch das kompromisslose Vorgehen mancher Politiker. Der russische Machthaber Putin erklärt, erst wenn die Ukraine besiegt sei, könne mit ihm verhandelt werden. Der israelische Ministerpräsident Netanyahu will den Kampf gegen die Terrorbewegung Hamas im Gazastreifen, die sein Land brutal überfallen hat, erst beenden, wenn die Hamas „vernichtet" ist. Das ist – darauf muss in den Diskussionen ausdrücklich hingewiesen werden – nicht dasselbe: Putin ist der Angreifer, Netanyahu der Angegriffene. Aber selbst in Stellungnahmen diverser Regierungen in dieser Welt wird gleichgesetzt, was Russland in der Ukraine und Israel im Gaza-Streifen macht, nämlich ziviles Leben und Infrastruktur zerstört. Und: China droht mit der Invasion Taiwans, wenn die Insel sich für unabhängig erklären sollte. Der vom Iran unterstützte Kampf der Huthi im Jemen gegen das dortige Regime wird – oder wurde – ebenso gnadenlos geführt und betrifft seit dem Überfall der Hamas auf Israel auch die freie Schifffahrt im Roten Meer, wo die Huthi mit iranischer Unterstützung westliche Handelsschiffe angreifen. Diese Auseinandersetzungen zeigen, dass die internationalen Abkommen, die auch für Kriege ein Regelwerk vorsehen, immer dann wenig bewirken, wenn ein Krieg tatsächlich losbricht. Das Kriegsvölkerrecht wird weggebombt, Kriegsverbrechen stehen ungeahndet auf der Tagesordnung. Sie werden vielleicht später abgeurteilt – die

Regelwerke verhindern keinen einzigen Übergriff. Hier wirkt die Abschreckung des Rechts nicht.

Dies alles trifft auf eine Welt, die gerade erst eine Pandemie überstanden hat, die die Systeme ebenfalls herausgefordert hat.

Wie wehrhaft ist in dieser Lage die Gemeinschaft der westlich orientierten demokratischen Staaten? Sind die Institutionen, die sich sicherheitspolitisch bewähren müssen, dieser Lage noch gewachsen? Dazu ist schon viel gesagt und geschrieben worden. Die meisten Publikationen fordern eine Reform bestehender Institutionen. Diese Forderung wird seit Jahrzehnten immer wieder erhoben. Das reicht aber nicht mehr aus. In diesem Buch, das wir in wesentlichen Teilen vor den jüngsten, oben erwähnten Ereignissen fertiggestellt hatten, analysieren wir die Kumulation der Krisen und Kriege und zeigen auf, welche Auswirkungen diese auf das gesamte internationale System haben. Insbesondere beschreiben wir, wie sich NATO und EU im Verlauf dieser Ereignisse verändert haben und erläutern, wie sie sich weiter reformieren müssen. Welche Rolle kann und soll Deutschland in dieser Diskussion spielen? Um diese Frage zu beantworten, ist es von großer Bedeutung zu wissen, wo unsere wichtigsten Verbündeten – Frankreich und die USA – ihre strategischen Vorstellungen verorten. Dabei erweist sich, dass die jeweils definierten Positionen nur mit Mühe kompatibel sind – oder sich auf fatale Weise annähern könnten.

Für die Organisation der Sicherheit in Freiheit müssen auch die Staaten der EU ihre demokratische Verfasstheit erhalten oder verbessern. Das ist die andere Seite der Medaille: Die Politiker müssen Mehrheiten für diesen Weg beschaffen. Dafür müssen sie intensiv und konsequent werben.

In dem vorliegenden Buch stellen wir also Überlegungen an, wie es anders gehen könnte. Wir wollen Ideen formulieren, wie die

Sicherheit in „unserer" Welt gewährleistet werden kann, wie das Vertrauen in die Institutionen, die – wohl reformiert – bestehen sollten, gestärkt werden kann, wie neue Formate aussehen können und wie die Bevölkerungen in den demokratischen Staaten „mitgenommen" werden können. Im Ergebnis soll ein Sicherheitssystem skizziert werden, das resilient ist und demokratischen Werten entspricht, diese aber auch wirksam verteidigen kann. Das Buch umfasst den Versuch zweier Journalisten, auf der Basis ihrer Erfahrungen in der Sicherheitspolitik konkrete Schritte zu entwickeln. Es ist kein wissenschaftliches Buch.

1. DIE WELT IST AUS DEN FUGEN

„Die Welt ist aus den Fugen geraten", stellte der heutige Bundespräsident Frank-Walter Steinmeier im Juni 2015 auf dem evangelischen Kirchentag in Stuttgart fest. Damals war er noch Außenminister der Bundesrepublik Deutschland, und Russlands Machthaber Wladimir Putin hatte gerade (2014) die zur Ukraine gehörende Halbinsel Krim mit irregulären Streitkräften („kleine grüne Männer") besetzen und dann annektieren lassen. Zudem unterstützte er Milizen in zwei Gebieten der Ostukraine – Luhansk und Donezk – dabei, die legitime ukrainische Staatsgewalt zu vertreiben. Auch diese Gebiete, mehrheitlich von russischsprachigen Ukrainern bewohnt, wollte Putin seinem Reich einverleiben. Aber die Ukrainer wehrten sich. Die NATO hatte zurückhaltend reagiert. Die OSZE konnte Beobachter an die „Kampflinie" im Osten der Ukraine schicken, an der sich die kämpfenden Einheiten gegenüberstanden. Vermittlungsversuche der Deutschen und Franzosen („Normandie-Format") blieben stecken.

Steinmeiers damaliger Befund sollte sich in den folgenden Jahren dramatisch bestätigen. Denn diese Aggression war erst der Anfang einer Entwicklung, die die europäische Friedensordnung, wie sie nach dem Zweiten Weltkrieg entstanden war, endgültig zerstörte.

Krise 1: Die Pandemie

Ende 2019 (wahrscheinlich im Dezember) verbreitete sich ein Virus von China aus über die ganze Welt, das zu einer großen Pandemie anwuchs. Es brachte viel Leid, Krankheit und Tod über die Menschen auf dieser Welt. Die Forschung nach Gegenmitteln konnte erst beginnen, als das Virus bereits wütete. Nicht nur die Politik, auch die Wissenschaft musste einen Wettlauf gegen die Pandemie aufnehmen. Es gelang in Rekordzeit, Impfstoffe zu entwickeln, auch wenn sichere Mittel zur Heilung noch auf sich warten lassen und viele Nach- sowie Nebenwirkungen der Infektion noch unerforscht sind und weiterhin viel Leid verursachen. Dennoch: Abriegelungen ganzer Stadtteile, Schließungen von Produktionsstätten und Geschäften, massive Einschränkungen im täglichen Leben vieler Menschen in vielen Teilen der Welt führten zu erheblichen wirtschaftlichen Problemen. Einseitig verfügte Grenzschließungen innerhalb der Europäischen Union, etwa zwischen Deutschland und Frankreich, Polen oder Österreich, machten mit einem Mal deutlich, wie verwoben die Wirtschaften und die Gesellschaften in dieser EU schon sind; wie sehr solche Maßnahmen das grenzüberschreitende Leben, das längst zur Selbstverständlichkeit geworden ist, abrupt infrage stellten und damit nicht nur wirtschaftlichen Schaden, sondern auch Unverständnis, Wut, ja Misstrauen bei den Menschen in den Grenzgebieten erzeugten.

Diese Lockdowns unterbrachen zudem weltweit ausgelegte Lieferketten. Der Handel mit Produkten wurde immer problematischer. Jedermann erkannte und erlebte, wie sehr Abhängigkeiten von anderen Teilen dieser Welt das alltägliche Leben prägen. So war in der Vergangenheit zum Beispiel die Produktion von Medikamenten aus den westlichen Industrieländern in die Billiglohnländer China und Indien verlegt worden. Auf diese Weise konnten Medikamente auch in den Industrieländern preiswerter angeboten werden. Dort nahm man nun erst wahr, wie sehr diese preiswerte Versorgung den Westen bei existenziell wichtigen Gütern von anderen Ländern abhängig gemacht hatte, was zu schmerzhaften Schäden führt, wenn die entsprechenden Lieferketten unterbrochen werden können. Was in der Diskussion noch keine große Rolle spielte, war die Tatsache, dass eine solche Unterbrechung der Lieferketten auch ein Mittel politischer Machtausübung sein kann. Es muss nicht immer ein Virus sein, das – hoffentlich – ohne menschliches Zutun seine Weltreise angetreten hat. Aber es wurde deutlich, dass eine große Gesundheitskrise erhebliche Auswirkungen auch auf die Sicherheit der Staaten haben kann.

Krise 2: Der Abzug der NATO aus Afghanistan

Dann musste die Welt im August 2021 zusehen, wie die NATO-Staaten und ihre Verbündeten ihre Militärmission in Afghanistan nach 20 Jahren überstürzt abbrachen. Nach den islamistischen Terroranschlägen in New York und Washington am 11. September 2001 hatten die USA gemeinsam mit Großbritannien das Taliban-Regime in Afghanistan, das dem Urheber der Terroranschläge – dem Al-Kaida-Netzwerk – Unterschlupf gewährt hatte, aufgefordert, die Verantwortlichen an die USA auszuliefern. Die NATO erklärte am 12. September 2001 den Bündnisfall. Als das Taliban-Regime in Kabul nicht reagierte, begannen die USA und einige Verbündete gemeinsam mit örtlichen Oppositionskräften umfangreiche Militäroperationen, die das Regime, das mit brutaler Gewalt gegen das eigene Volk regierte, hinwegfegten. Die NATO und der Westen begannen dann damit, einen Neuanfang für Afghanistan zu organisieren, das seit 1979 zunächst sowjetische Besatzung, dann, nach dem Abzug der Sowjets, mehr als zehn Jahre Bürgerkrieg hinter sich hatte. Mithilfe afghanischer Führer wurden in einer Konferenz auf dem Petersberg bei Bonn Vereinbarungen getroffen, mit denen Afghanistan beim Aufbau eines neuen, demokratisch verfassten Staatswesens und auch einer funktionierenden Wirtschaft unterstützt werden sollte. Dies sollte mit bedeutenden Truppenkontingenten abgesichert werden. Doch nach 20 Jahren wurde dieses Projekt, das nie wirklich Fuß fassen konnte, unvermittelt abgebrochen.

Damit stellte „der Westen" freilich seine eigene Glaubwürdigkeit infrage: Könnte er und/oder die NATO jetzt noch ähnliche Unterstützung in anderen Krisenregionen der Welt versprechen? Welchen Einfluss würde der Westen künftig beim Krisenmanagement in der Welt noch haben? Welche Auswirkungen hat dieses kollektive Versagen des Bündnisses auf die Art, wie seine Mitgliedstaaten sich bei der Bewältigung von Konflikten in der Welt engagieren?

Krise 3: Russlands Krieg gegen die Ukraine

Ebenfalls 2021: Am 12. Juli publizierte das russische Präsidialamt einen Artikel von Wladimir Putin über die „historische Einheit von Ukrainern und Russen" in englischer Sprache, in dem Putin die Entwicklung in der Ukraine seit den Protesten auf dem Maidan in Kiew, die 2013 begannen und 2014 zum Sturz des Präsidenten Janukowitsch und seiner Flucht nach Russland geführt hatten, zu einem „Anti-Russland-Projekt" des Westens erklärte. Eine Unabhängigkeit der Ukraine sei nur im Verbund mit Russland möglich, schrieb er und begründete dies mit der Geschichte, in der Russen, Weißrussen und Ukrainer jahrhundertelang eine kulturelle Einheit gebildet hätten. Nun kämpften die Russen in der Ukraine dagegen, dass ihnen von einem Regime in Kiew, das vom Westen gesteuert sei, eine neue Lebensweise aufgezwungen und der Gebrauch ihrer Sprache verwehrt werde – so jedenfalls die Analyse Putins.

Am 17. Dezember 2021 legte der Kremlführer nach. Er forderte die USA und die NATO auf, mit Russland je ein Abkommen zu schließen, in dem jede neue Erweiterung der NATO ausgeschlossen würde, insbesondere die Aufnahme der Ukraine. Zudem sollte die Stationierung von NATO-Streitkräften auf den Stand des 27. Mai 1997, also vor der ersten Erweiterung nach Osten, festgeschrieben werden. Schließlich sollten sich die USA verpflichten, ihre Atomwaffen auf ihr nationales Territorium zurückzuführen und alle Infrastruktur für die Stationierung von Atomwaffen außerhalb ihres Territoriums, also in anderen NATO-Staaten, zu vernichten. Diese Vertragsentwürfe waren nicht verhandelbar – also Ultimaten.

Putin baute wohl darauf, dass die westlichen Staaten nicht die Kraft hätten, diesem Ansinnen Russlands zu widerstehen, wesentliche Teile der NATO-Erweiterung rückgängig zu machen und über das Schicksal anderer Staaten, insbesondere der Ukraine, zu bestimmen. Er nahm offenbar auch an, dass die Menschen in der Ukraine, von denen viele Russisch als ihre Muttersprache verstehen, sich nicht gegen die russischen Streitkräfte zur Wehr setzen würden. Aber auch die große Mehrzahl derjenigen in der Ukraine, die sich als Russen bezeichnen, widersetzen sich dem Ansinnen, sich in die Obhut des längst zu einem Diktator mutierten Putin zu begeben.

Diese Fehleinschätzungen brachten und bringen immer noch nicht nur unermessliches Leid über die ukrainische Bevölkerung. Putin zerstörte damit auch die gesamte regelbasierte europäische Friedensordnung, die in vielen Jahren gegenseitiger Vertrauensbildung, vor allem zwischen dem Westen und Moskau, mühsam aufgebaut worden war. Das dafür notwendige Grundvertrauen ist nun zertrümmert. Vielmehr hat er das Gegenteil von dem erreicht, was er beabsichtigte: Die NATO erweiterte sich um das bisher neutrale Finnland und das ebenfalls traditionell neutrale Schweden, Staaten, die sich nun von Russland direkt bedroht sehen. Und der nationale Zusammenhalt in der Ukraine hat sich verstärkt.

Krise 4: Der Angriff der Hamas auf Israel

Dann, am 7. Oktober 2023, überfielen Milizen der palästinensischen Terrorbewegung Hamas, die den Gazastreifen vor Jahren in ihre Gewalt gebracht hatten, an Jom Kippur, einem der höchsten Feiertage der Juden, ein Kibbuz in Israel, töteten zahllose Menschen und verschleppten rund 300 Kibbuz-Bewohner sowie zu einem Festival angereiste Gäste in den Gazastreifen. Israel reagierte hart und bekämpfte die Hamas im Gazastreifen mit dem Ziel, sie völlig zu vernichten. Dabei zerstörte Israel große Teile der Infrastruktur in dem dicht besiedelten Gebiet, musste aber auch ständig Raketenbeschuss durch die Hamas auf Israel abwehren. Die Zahl der Opfer unter der palästinensischen Bevölkerung ist sehr groß. Damit bewegte sich Israel bei diesem Kampf zumindest an der Grenze des völkerrechtlich Zulässigen. Jedenfalls mahnten auch Verbündete, wie die USA und auch Deutschland, die israelische Regierung zu mehr Mäßigung, um die Gefahr einer Ausweitung des Krieges zu mindern.

Im Verlauf dieser Kämpfe kam es in vielen westlichen Ländern zu Auseinandersetzungen zwischen Palästinensern und Arabern, die die Hamas unterstützen, auf der einen Seite, und Menschen, die Israels Vorgehen billigen, auf der anderen. Unterstützung erhielt die Hamas auch von Gruppen wie den jemenitischen Huthi-Rebellen, die mit Unterstützung aus dem Iran gegen das Regime im Jemen kämpfen und nun Handelsschiffe westlicher Staaten mit Raketen beschossen, die durch die Meerenge Bab al-Mandab fahren mussten, um ins Rote Meer und dann in den Suez-Kanal zu kommen. Die USA und Großbritannien begannen, Raketenstellungen der Huthi im Jemen zu beschießen und Hilfe für die Handelsschiffe durch Marinekräfte zu organisieren. Danach beschloss auch die EU eine Militärmission zur Abwehr der Huthi-Attacken. Ein Teil der Handelsschiffe aber musste über das Kap der Guten Hoffnung umgeleitet werden, was viel Zeit und Geld kostet. Wiederum waren Lieferketten unterbrochen oder zumindest schwer belastet.

Die ersten Reaktionen

Wie selten zuvor wurde deutlich, in welchem Maß ausgebrochene Konflikte Auswirkungen haben, die weit über ihren jeweiligen Anlass hinausgehen:

► Die Sanktionen westlicher Staaten gegen Russland haben das Land zwar in seiner Wirtschaft zum Teil empfindlich getroffen, aber noch nicht so entscheidend wie erhofft; zudem haben sie auch die Energieversorgung zahlreicher EU-Staaten deutlich erschwert und erheblich verteuert. Russische Blockaden gegen ukrainische Häfen haben die Versorgung der Welt mit Getreide massiv beeinträchtigt und damit vor allem in der Dritten Welt für mehr Hunger gesorgt. Westliche Staaten haben mit finanzieller und militärischer Unterstützung für die Ukraine die eigenen Staatshaushalte massiv belastet.

► Der Wegfall der Lieferungen – vor allem von Gas – aus Russland hat westliche Staaten, auch die Bunderepublik Deutschland, dazu gezwungen, noch mehr Energieträger als bisher in Staaten zu kaufen, deren politische und menschenrechtliche Lage nicht besser ist als diejenige Russlands.

► Es wurde vor allem noch deutlicher, wie stark diese Welt in einem System gemeinsamen Handelns verwoben ist. Eine Krise an einer Stelle führt sofort zu erheblichen Problemen an anderer

Stelle, wenn Staaten dagegen vorgehen, die die internationale Ordnung aufrechterhalten wollen und die Werte, die auch der Charta der Vereinten Nationen zugrunde liegen, aktiv vertreten.

Bei der Gleichzeitigkeit all dieser Krisen und Kriege, die noch nicht zu Ende sind und deren Ende auch nicht absehbar ist, erscheinen die bisher bestehenden Institutionen unserer Sicherheitsarchitektur nicht mehr ausreichend. Ernsthafte Diskussionen über die Notwendigkeit einer Neuausrichtung von NATO und EU sind überfällig. Das Wahlkampfgetöse des Kandidaten Donald Trump in den USA, der vor seinen Anhängern das Beistandsversprechen der USA aus dem NATO-Vertrag infrage stellt und den Kriegstreiber Wladimir Putin sogar dazu einlädt, mit den Europäern („Ihr müsst zahlen") zu machen, was ihm beliebt, erleichtert solche Diskussionen nicht – oder vielleicht macht es auch deutlicher als je zuvor, dass sie dringend nötig sind. Dabei wird es auch darauf ankommen, dass sich die politische Führung in Berlin darüber klar wird, welche Rolle Deutschland dabei spielen soll und kann.

2. WIE DIE KRISEN KUMULIERTEN

Die Friedensdividende ist verbraucht

Bis 1989 hatte der Kalte Krieg die Welt im Griff. Nicht nur in Europa, sondern auf der ganzen Welt waren die Staaten in Freunde der USA oder der Sowjetunion aufgeteilt. Eine in dieser Zeit bestehende Gruppe der „Neutralen und Nichtgebundenen" konnte keine größere Bedeutung erlangen. Aber in dieser Blockkonfrontation lag auch die Chance für eine Zeit ohne militärische Auseinandersetzung, also die Abwesenheit von Krieg (im Gegensatz zum Frieden). Jede größere militärische Auseinandersetzung in dieser Zeit hätte die Großmächte offen auf den Plan gerufen, die jede über ein Potenzial von Tausenden von Atomwaffen verfügte, das, wenn eingesetzt, einen Großteil der Erde unbewohnbar gemacht hätte. Es war die Zeit des „Gleichgewichts des Schreckens", einer nicht nur scheinbaren Stabilität des internationalen Systems, das zwar viele kleine Konflikte – auch mörderische – nicht verhinderte, aber auf der Erkenntnis ruhte, dass die Menschheit einen großen Krieg der beiden Blöcke gegeneinander nicht überleben könnte. Nach dem Ende der Blockkonfrontation schien es zunächst, als gäbe es keine ernsthaften militärischen Konflikte mehr. Der amerikanische Politologe Francis Fukuyama prophezeite gar das „Ende der Geschichte".

Damit lag er von Anfang an falsch. Der Erste Golfkrieg von 1980 bis 1988, der mit einem Angriff des Irak auf den Iran begonnen hatte, war zwar auch zu Ende gegangen, aber der irakische Diktator Saddam Hussein überfiel schon Ende 1990 den benachbarten Golfstaat Kuwait, den er seinem Land einverleiben wollte.

An anderen Stellen brachen ganz alte oder neue Spannungen auf. Ethnische Konflikte zwischen den Teilrepubliken Jugoslawiens eskalierten 1991 zu militärischen Auseinandersetzungen. Man hatte den Eindruck, dass die ethnischen Konflikte, die noch aus den ersten Jahrzehnten des 20. Jahrhunderts stammten, im Kalten Krieg eingefroren waren. Dies war auf dem Balkan auch einer charismatischen Figur wie dem jugoslawischen Staatschef Tito zu „verdanken", der den Vielvölkerstaat diktatorisch regierte, sein Land aber aus dem Ost-West-Gegensatz heraushielt. Die Konflikte, die sein serbischer Nachfolger Slobodan Milosevic nach dem Tod Titos lostrat, wurden dann mit militärischen Mitteln ausgetragen: Erst widersetzte sich Slowenien, dann Kroatien einer Vorherrschaft der Serben. Darauf folgte Bosnien-Herzegowina, selbst eine Vielvölkerrepublik, die sich ohne Einmischung aus Belgrad selbst regieren wollte.

Der „Westen" hatte Schwierigkeiten, mit diesem Konflikt umzugehen. Die Bürgerkriege auf dem Balkan sollten, so die Vorstellungen in den Hauptstädten Europas, Regionalkonflikte bleiben – in ihren Ausmaßen regional und militärisch begrenzt. Dieser Plan ging nicht auf. Ab 1992 begannen in Bosnien-Herzegowina die Kämpfe zwischen den dort lebenden Bosniaken, Serben und Kroaten, jeweils unterstützt von Serbien und Kroatien, und später kämpften die in der serbischen Provinz Kosovo lebenden Albaner für eine Trennung von Serbien. Diese Kämpfe führten zu Flüchtlingsbewegungen in großem Ausmaß in Europa, die in den EU-Ländern damals Befürchtungen hervorriefen, sie könnten im Inneren dieser Länder destabilisierend wirken. Damals schon war Deutschland ein Land, das viele Flüchtlinge aufnahm, aus dem aber auch viele in Deutschland schon lange ansässige Serben oder Kroaten ihre Wochenenden oder Ferien dazu nutzten, um zu Kampfeinsätzen in ihre Herkunftsländer zu reisen. Zum Glück kam es zu keinen größeren Auseinandersetzungen in Deutschland selbst. Aber die Kämpfe kamen Mitteleuropa doch recht nahe.

EU und NATO greifen erstmals ein

Die Staaten der EU und der NATO sahen die Notwendigkeit, diese Auseinandersetzung von außen einzudämmen. Vereinbarte Waffenruhen wurden erst von UN-Truppen, UNPROFOR (United Nations Protection Force) genannt, später auch von NATO-Verbänden durchgesetzt. Die NATO verbuchte das unter dem Stichwort „Stabilitätstransfer": Die Stabilität innerhalb des NATO-Gebietes sollte in andere Regionen transferiert werden. Dies war vor allem für jene Länder wichtig, die Ziele der Flüchtlinge waren.

Für die Bundeswehr begann damit endgültig eine neue Ära. Gegründet als Armee zur Landes- und Bündnisverteidigung, die sich dann erstmals außerhalb des NATO-Gebiets („out of area") im Wesentlichen an humanitären Missionen der UN beteiligt hatte (Sanitäter in Kambodscha, Logistik in Somalia), war sie nun bereit, im Rahmen einer NATO-Mission auch Kampfeinheiten zur Durchsetzung von Waffenstillständen auf den Balkan zu schicken. Es war ein völlig neues und ungewohntes Einsatzszenario. Waren die Soldaten der Bundeswehr bisher dafür ausgebildet, Bündnisterritorium zu verteidigen, also auch eskalieren zu können, mussten sie nun das Gegenteil leisten: Sie mussten die Trennung von Konfliktparteien überwachen und in brenzligen Lagen deeskalieren. Für die Streitkräfte war dies ein Paradigmenwechsel. In der Praxis vor Ort ist es erstaunlich gut gelungen. Aber die Waffenruhen waren nicht stabil. Der Einsatz war gefährlich.

Er war auch innenpolitisch höchst umstritten. Der Einsatz wurde erst möglich, nachdem Bundesaußenminister Klaus Kinkel (FDP) vor dem Bundesverfassungsgericht gegen den von Bundesverteidigungsminister Volker Rühe (CDU) geplanten Einsatz der Bundeswehr „out of area" geklagt hatte – also ein Minister der

Bundesregierung gegen den Beschluss der Regierung, der er angehört und die den Einsatz beschlossen hatte. War dieser Einsatz vom Grundgesetz gedeckt, in dem steht, dass der Bund „Streitkräfte zur Verteidigung" aufstellt (Art. 87a GG) und andere Einsätze als zur Verteidigung nur erlaubt sind, soweit es das Grundgesetz erlaubt? Das Bundesverfassungsgericht musste aus dem Grundgesetz erst die Regeln für solche Missionen ableiten.

Im Jahr 1994 stellten die Richter in Karlsruhe die Regeln auf, nach denen die Teilnahme der Bundeswehr an internationalen Missionen („außer zur Verteidigung") ablaufen muss: Solche Einsätze sind nur auf der Grundlage eines internationalen Mandats, möglichst des UN-Sicherheitsrats, und nur im Verein mit anderen Partnern möglich. Zudem bedürfen sie der vorherigen Zustimmung des Bundestags für ein genau definiertes zeitlich begrenztes Mandat, in dem der Zweck des Einsatzes, seine Kosten und eine Obergrenze für die beteiligten Truppen festgelegt sind. Seitdem ist die Bundeswehr definitiv eine „Parlamentsarmee".

Das letztlich bis heute gültige Friedensabkommen für Bosnien-Herzegowina wurde schließlich 1995 unter der Vermittlung der USA auf dem Luftwaffenstützpunkt von Dayton in Ohio geschlossen. Das zeigt, dass dieser als Regionalkonflikt begonnene Konflikt nachher in den USA, also bei der Führungsmacht der NATO, geschlichtet werden musste. Regionalkonflikte, die nur regional blieben, sollte es kaum geben.

Internationale Eingriffe

Auch die Kriege am Persischen/Arabischen Golf blieben nicht regional begrenzt. Im Krieg zwischen dem Iran und dem Irak zwischen 1980 und 1988 standen die USA auf der Seite des Irak, weil sie hofften, damit das gerade an die Macht gekommene Mullah-Regime in Teheran wieder beseitigen zu können. In den Jahren 1990/91 traten die USA dann als Kriegspartei gegen den Irak auf. Damals hatte der Irak Kuwait überfallen, die USA und Verbündete aber wollten diese gewaltsame Veränderung von Grenzen nicht hinnehmen. Mit einem Mandat des UN-Sicherheitsrats brachten die USA und Alliierte, darunter vor allem Großbritannien und Frankreich, Truppen in die Region und vertrieben die irakischen Streitkräfte wieder aus Kuwait. Später, 2003, führten die USA mit einer Reihe von Verbündeten erneut Krieg gegen den Irak und begründeten diesen mit Informationen, dass der Irak nukleare und chemische Waffen produziere, was die Lage in der Region gefährlich destabilisiert hätte. Später stellten sich diese Informationen als Fälschung heraus.

Die Kriege um den und im Irak zeigen, dass Konflikte, die als Regionalkonflikt beginnen oder erscheinen, fast immer auch Interessen mindestens einer Großmacht berühren – hier nun der USA. Das gilt besonders in Regionen, in denen auch wirtschaftliche Interessen eine große Rolle spielen. In den Irak-Kriegen etwa ging es immer auch um die Ölversorgung. Dies gilt auch für die Besetzung Kuwaits durch den Irak.

Ein weiterer Konflikt, der in dieser Zeit in die internationalen Schlagzeilen geriet, war der Völkermord in Ruanda 1994. Dieser Bürgerkrieg zwischen zwei Volksgruppen in dem kleinen ostafrikanischen Land, unterstützt von mächtigeren Nachbarn, beschäftigte die Vereinten Nationen. Es gab in dem Land eine kleine „friedenserhaltende" Mission der UN, die knapp 2.200 Soldaten umfasste, was nicht einmal ausreichte, um die Hauptstadt Kigali zu „befrieden". Der damalige UN-Generalsekretär Boutros Boutros-Ghali erwirkte bei Ausbruch des Bürgerkriegs, der zu einem Völkermord wurde, einen Beschluss des UN-Sicherheitsrates dahin gehend, dass eine UN-Truppe mit einem robusten „friedensschaffenden" Mandat in das Land einrücken und den Bürgerkrieg beendet sollte. Diese wurde aber auf knapp 1.000 Mann begrenzt. Der für die UN-Blauhelmmissionen verantwortliche Unter-Generalsekretär der UN, der deutsche Zwei-Sterne-General Manfred Eisele, wollte diese Mission wirksam umsetzen. Er fand aber keine Nation, die dafür Soldaten stellte. So kam sie nicht zustande. Die UN hatten in einer wichtigen Mission versagt.

Die Konfliktbreite nimmt zu

Die genannten Beispiele zeigen, dass die Bandbreite der Konflikte immer größer wurde. Spätestens 2001 weiteten auch islamistische Terroristen ihre Anschläge aus. In einigen Staaten übernahmen sie sogar die Regierung – wie etwa die Taliban in Afghanistan, die nach Jahrzehnten des Bürgerkriegs mithilfe Saudi-Arabiens und der USA 1989 die sowjetischen Besatzungstruppen aus dem Land geworfen und sich gegen andere Mudschaheddin durchgesetzt hatten. Oder die Hamas im Gazastreifen, die 2007 die palästinensische Autonomiebehörde verjagte. Auch die Hisbollah im Libanon ist hier zu nennen, die sich mit Waffengewalt als (schiitischer) Staat im (nicht funktionierenden) multireligiösen Staat Libanon festsetzen konnte.

Die internationale Staatengemeinschaft sah sich so immer neuen Herausforderungen gegenüber, weil die Zahl der Konflikte zunahm, die zudem noch parallel ausgetragen wurden. Als die Demokratiebewegung in den arabischen Ländern („Arabischer Frühling") nach 2010 zunächst friedlich unter anderem in Ägypten, Tunesien und im Jemen die jeweiligen Regime aus ihren Ämtern drängte und dies dann auch in Syrien versuchte, reagierte der syrische Machthaber Assad mit Gewalt: Seine Armee ging gegen die

„Aufständischen" vor, griff Städte im eigenen Land an und Assad klammerte sich an die Macht, die er bis heute hält. Diese Auseinandersetzung kam wiederum einem NATO-Land, der Türkei, sehr nahe, das zunächst die Gegner Assads militärisch unterstützte, die Gelegenheit aber auch nutzte, um die Organisation der syrischen Kurden zu bekämpfen, die in der Türkei als Terroristen gelten, aber auch gegen Assad kämpften. In einer unheiligen Allianz mit Russland sicherte sich so die Türkei die Beherrschung des Kurdengebiets in Syrien, während Putin die Chance nutzte, das Überleben des Assad-Regimes zu sichern und so von der Unterstützung aus Moskau abhängig zu machen. Auf diese Weise erhielt Russland auch wieder einen Flottenstützpunkt am Mittelmeer und entscheidenden Einfluss im Nahen Osten, den es verloren hatte.

Schließlich führte eine von Frankreich initiierte, mit UN-Mandat und organisatorischer Hilfe der NATO ausgeführte militärische Intervention in Libyen dazu, den dortigen Machthaber Gaddafi gewaltsam aus dem Amt zu entfernen. Seitdem bekämpfen sich dort zwei Regierungen mit jeweils internationaler Unterstützung, wobei auch hier die Türkei, Russland und westliche Staaten eine Rolle spielen – allerdings nicht auf derselben Seite.

All diese Beispiele zeigen, dass die Großmächte USA und Russland in dieser Zeit allenfalls indirekt in die Auseinandersetzungen eingegriffen haben, die deshalb nur selektiv wahrgenommen wurden. Eine Zeit lang, auf dem Balkan, gab es sogar den Versuch einer Kooperation zwischen Washington und Moskau. Russland hatte einen kleinen Militärstab im NATO-Hauptquartier in Mons etabliert, um bei der Bewältigung des Jugoslawien-Krieges mit dem Bündnis zusammenzuarbeiten. Allerdings ließen sich die Russen bald auf eine eher konfrontative Aktion ein, indem sie sich in einen Wettlauf mit NATO-Truppen um einen Flugplatz im Kosovo begaben und gewannen. Am Ende spielte Russland dort keine wirklich konstruktive Rolle.

Russland ergriff dann 2008 in Georgien eine Gelegenheit, um sich Gebiete des Landes mit russisch-sprachiger Bevölkerung einzuverleiben. 2014 besetzten russische Truppen dann die zur Ukraine gehörende Halbinsel Krim sowie Teile der Ostukraine. Auch im Konflikt zwischen Armenien und Aserbaidschan um Bergkarabach, einer hauptsächlich von Armeniern bewohnten Region in Aserbaidschan, mischte Moskau immer mit, zuletzt im Herbst 2023. Mit Ausnahme des am 22. Februar 2022 begonnenen umfassenden Angriffs Russlands auf die Ukraine blieben diese Operationen aber unter der Schwelle internationaler Reaktion. Auch NATO und EU haben nur zögerlich reagiert.

Die Zeit zwischen den 1990er- und den 2010er-Jahren war also geprägt von kriegerischen Auseinandersetzungen, die selten den Charakter von Stellvertreterkriegen erreichten, wenn damit gemeint ist, dass sie anstelle eines Krieges der Großmächte geführt werden sollten. Im ehemaligen Jugoslawien waren es ethnische Probleme, die plötzlich wieder gewaltsam ausgetragen wurden. Die Reaktion der Staaten in Europa war vor allem ausgelöst durch die Befürchtung, dass so kurz nach dem bejubelten Ende des Kalten Krieges ein richtiger Krieg in Europa alte Kriegsängste wieder belebte – im Widerspruch zu der gerade erst errungenen Befriedung des Kontinents.

Die Konflikte in der Golfregion waren eher ökonomisch bedingt. Es ging nicht nur um den Bruch des Völkerrechts durch den Irak, als er den Nachbarstaat überfiel; es ging auch um den Zugriff auf Ölquellen. Und genau das hat die Mächte außerhalb der Region auf den Plan gerufen. Sie wollten verhindern, dass die eigene Versorgung durch einen solchen Krieg nachhaltig gestört werden könnte. Dieses Motiv brachte vor allem die USA auf den Plan.

Verhaltener Kampf um Demokratie

In den Bewegungen des „Arabischen Frühlings" in diesen durch Diktaturen geprägten Ländern ging es letztlich um Freiheit und Demokratie, Werte also, für die der Westen steht. Aber außer Sympathie und Hilfsgütern für die Menschen in den Bürgerkriegsgebieten kam wenig Unterstützung. Es gab allerdings auf dem afrikanischen Kontinent einige Länder, in denen sich demokratische Verfahren durchsetzen konnten – etwa Wahlen, aus denen dann Regierungen bestimmt wurden. Mali, Niger und Nigeria sind Beispiele dafür.

Aber gerade Mali zeigt, wie wenig beständig diese Demokratien waren. Hier drohte nach dem Zerfall des libyschen Regimes die Eroberung des riesigen Landes durch islamistische Milizen. Zunächst Frankreich, später auch andere europäische Staaten und schließlich auch die UN versuchten dies zu verhindern, die legitime Regierung zu stabilisieren und ihre Streitkräfte so auszubilden, dass sie allein dem Druck der Milizen standhalten könnten. Aber auch dieser Versuch einer Befriedung von außen scheiterte und das Militär, das doch den Kampf gegen die Terroristen führen sollte, putschte. Die Militärs in Burkina Faso und in Niger, später dann in Gabun taten es ihnen gleich. Und nun orientieren sich die neuen Machthaber nicht mehr an westlichen Demokratien, sondern an Russland und seiner Söldnertruppe. Ganz offensichtlich geht es jetzt um den Einfluss der Großmächte in Afrika.

Die Herausforderung für die Staatengemeinschaft durch diese Konflikte ist immens. Im vergangenen Jahr fand im Schatten des russischen Kriegs gegen die Ukraine auch die Auseinandersetzung um Bergkarabach ein brutales Ende, als die russischen Truppen, die eigentlich zum Schutz der Armenier in Armenien stationiert waren, der Eroberung Karabachs, das zu Aserbaidschan gehört, durch aserische Truppen nicht entgegentraten.

Die Staatengemeinschaft reagiert zurückhaltend

Wer sich die Konflikte der letzten Jahre ansieht, kommt zu der Erkenntnis, dass die Staatengemeinschaft darauf auf recht niedrigem Niveau reagiert hat. Diejenigen, die aggressive Operationen begannen, konnten getrost annehmen, dass ernsthafte Reaktionen ausbleiben würden. Es ist wahrscheinlich, dass klarere und „robuste" Reaktionen seitens der internationalen Staatengemeinschaft oder des „Westens" diese Konflikte schneller beendet und wohl auch andere verhindert hätten.

Natürlich ist es schwierig Konflikte von außen zu lösen. Für die Lösung ethnischer Probleme zum Beispiel ist – wie Bergkarabach 2023 gezeigt hat – eine „ethnische Säuberung" für demokratische Staaten keine denkbare Option.

Vernetzte Sicherheit

Die Instrumente für Konfliktlösungen liegen zumeist nicht im klassisch militärischen oder politischen Bereich. Vielmehr müssen langfristige Strategien aus dem Bereich der Entwicklungshilfe und der Demokratiebewegung erarbeitet und umgesetzt werden. Die Umsetzung braucht Zeit und Geduld auf der einen Seite, Einfühlungsvermögen auf der anderen. In der Regel fehlt es an beidem, oft sogar noch an der Einsicht, dass nur ein so umfassender und konsequent verfolgter Ansatz für die Sicherheitspolitik Erfolg versprechend ist.

3. WIE SICH DAS INTERNATIONALE SYSTEM VERÄNDERT

Die Kumulation der genannten Kriege und Krisen, die zum Teil gleichzeitig stattfinden und zu managen sind, hat das internationale System insgesamt grundlegend verändert. Dieses System war bereits nach dem Ende des Kalten Krieges zwischen den Weltmächten USA und Sowjetunion und ihren jeweiligen Verbündeten zu Beginn der 1990er Jahre in eine Phase der Unsicherheit geglitten. Die Sowjetunion hatte sich aufgelöst, ihre Verbündeten hatten das Lager gewechselt, das aber nun keines mehr war. Denn die USA, deren Schutz die Staaten des aufgelösten Warschauer Pakts nun suchten, wähnten sich am „Ende der Geschichte", als Sieger im Kalten Krieg, dem nun eine Phase des wachsenden Wohlstands (Stichwort: Globalisierung) unter Führung der einzig verbliebenen Weltmacht, dem „Benign Hegemon", folge. Ein Sieg der Demokratie, der der Welt Frieden bringe.

Diesem Führungsanspruch der „Indispensable Nation" (‚unverzichtbaren Nation'; eine Formulierung der damaligen US-Außenministerin Madeleine Albright) wollten sich aber so richtig nur wenige fügen, erst recht nach dem 11. September 2001, als die USA von arabischen Terroristen angegriffen wurden und Präsident George W. Bush daraufhin den „Global War on Terror" (GWOT) ausrief. Zwar stellte der NATO-Rat auf Initiative seines (britischen) Generalsekretärs Lord Robertson ohne Antrag der USA am 12. September 2001 den Bündnisfall nach Art. 5 des NATO-Vertrages fest, der die Beistandspflicht der NATO-Partner begründet. Aber über Sinn und Zweck dieser Entscheidung und des GWOT sowie über die

Rolle der NATO darin bestand nie Einvernehmen. Stattdessen sahen sich auch treue Verbündete der USA zur Gefolgschaft ermahnt, wurden aber lange nicht zur Teilnahme an der Entscheidungsfindung eingeladen (Afghanistan, Irak; s. o.).

Auf die Phase des „Chaos der 1990er Jahre" in Moskau (Jelzin) nach der Auflösung der Sowjetunion und auf die Demokratiebewegung in China (militärisch zerschlagen am 4. Juni 1989 auf dem Platz des Himmlischen Friedens – Tian'anmen – in Peking) folgte die Konsolidierung der diktatorischen Führungen in beiden Staaten, die sich nicht nur selbst als Großmächte verstehen, sondern sich auch keinem fremden System unterwerfen wollen. Gedemütigt in ihrer Position der Schwäche setzten sie sich zum Ziel – und verfolgen dies nach wie vor –, die vom „Westen", in ihrer Lesart von den USA, dominierte internationale Ordnung (so lässt sich der Führungsanspruch der USA durchaus lesen) zu beenden und selbst wieder die Rolle einer Führungsmacht zu übernehmen. Der Wettbewerb der Großmächte oder solcher, die es sein möchten, entwickelte sich rasch. An ihm nehmen nun auch Mächte des „globalen Südens" teil, wie Indien, Indonesien, Brasilien, Südafrika und bald auch weitere. Europa sucht währenddessen nach seiner Rolle.

Das Ende der regelbasierten Ordnung

Es gibt also kein internationales System mehr, das auf verbindlichen Vereinbarungen anerkannter Großmächte beruht, wie es noch bis zum Ende der 1980er Jahre der Fall war und in dem Europas Platz an der Seite der USA unumstritten war. Die Organisationen – UN, OSZE, NATO, EU – bestehen nach wie vor, aber ihr Charakter hat sich verändert und verändert sich weiter – grundlegend und rasch. Ihre Handlungsfähigkeit wird getestet, ihre Daseinsberechtigung infrage gestellt. Neue Formate sind hinzugekommen (G 7, G 20, BRICS etc.). Und so steht die Frage im Raum, welche Zukunft der etablierten Sicherheitsarchitektur bevorsteht, der Deutschland angehört – eine Frage, die die politisch Verantwortlichen angehen und entscheiden müssen. Betrachten wir diese Verantwortlichen, wie sie aktuell agieren.

3.1 DER UN-SICHERHEITSRAT – OBSOLET?

Eine Katastrophe wie die des Zweiten Weltkrieges darf sich nie wiederholen. So lautete der Grundgedanke gegen Ende des Kriegs, als bei den Siegermächten darüber nachgedacht wurde, wie eine neue Sicherheitsordnung aussehen könnte. Doch kaum waren die „Vereinten Nationen" (UN) gegründet, zerbrach die Allianz, die die aggressiven Kriegsmächte Deutschland und Japan nach sechs langen Jahren endlich besiegt hatte. Unter Führung der damaligen Sowjetunion, die im Machtbereich ihrer Armee ihre Hegemonie beanspruchte und mithilfe von kommunistischen Satellitenparteien auch durchsetzte, sowie der USA, die sich als Führungsmacht der demokratischen Welt etablierten, bildeten sich zwei ideologisch gegeneinander agierende Blöcke.

Diese Konfrontation teilte nicht nur Europa, sondern die ganze Welt. So kam es in Korea schon 1950 zu einem Krieg, als der kommunistisch beherrschte Norden mithilfe der gerade siegreichen Kommunisten in China und der Sowjetunion Stalins den von den USA besetzten Südteil Koreas angriffen. Dieser Krieg dauerte vom 25. Juni 1950 bis 27. Juli 1953 und festigte die Teilung des Landes, ohne je formal beendet worden zu sein. In Europa dagegen blieb es bei einem „Kalten Krieg". Dort standen sich seit den 1950er Jahren zwei militärisch hochgerüstete Blöcke gegenüber, die einen Abschreckungsfrieden aufrechterhalten konnten. Es war aber eher die Abwesenheit von Krieg, denn eine wirkliche Friedensordnung wurde nicht entworfen. Beide Seiten richteten sich in einer Welt ein, in der es keine direkte bewaffnete Auseinandersetzung zwischen den Blöcken gab. Größere Auseinandersetzungen, in denen die beiden damaligen Supermächte direkt aufeinandertrafen, blieben aus.

Die Blockkonfrontation beginnt

Die ideologisch entgegengesetzten Blöcke versuchten auch in anderen Teilen der Welt, Staaten unter ihren Einfluss zu bringen, die ihren jeweiligen Ideologien nahestanden und/oder durch Wirtschafts- oder Militärhilfe an den jeweiligen Block gebunden wurden. So entstand eine Welt, die sich in Jünger Moskaus und Jünger Washingtons aufteilte. Staaten, die sich weder der einen noch der anderen Seite und der jeweiligen Führungsmacht unterwerfen wollten, stellten die Gruppe der „Blockfreien" dar.

Sicher ist das eine stark vereinfachte Darstellung. Die damalige Zeit war zunächst geprägt davon, dass die Zugehörigkeit zu einem der Blöcke für seine Mitglieder und Partner Stabilität bedeutete. Dass man gegenseitig durch Handel und menschliche Begegnungen die ideologischen Hürden überwinden könnte, kam niemandem in den Sinn, denn es galt ja, den ideologischen Sieg zu erringen – nicht militärisch, aber durchaus mit machtpolitischen Mitteln.

Entspannungsbemühungen

Die Idee, die Konfrontation auf friedliche Weise zu überwinden, kam erst in den 1960er Jahren im Westen auf. Die westeuropäischen

Demokratien trachteten danach, durch eine Politik des Dialogs mit dem ideologischen Gegenüber die Spaltung des Kontinents – den „Eisernen Vorhang" – zu überwinden. Hier spielte die Bundesrepublik Deutschland eine wichtige Rolle. Denn durch Deutschland verlief nach dem Zweiten Weltkrieg die Grenze der ideologischen und der militärischen Blöcke. Die einstige „Sowjetische Besatzungszone", mittlerweile zur „Deutschen Demokratischen Republik" geworden, war fester Bestandteil der östlichen Staatengruppe, die von Moskau aus geführt wurde, und deren westlicher Vorposten. Die aus den westlichen Besatzungszonen hervorgegangene „Bundesrepublik Deutschland" war östlicher Vorposten der in der NATO alliierten Staaten, die die USA als ihre Führungsmacht anerkannten. Die Annäherung der Blöcke kam dann in der Aufnahme der beiden Staaten in Deutschland in die UN im Jahr 1973 zum Ausdruck.

Die Teilung der Welt blockierte auch die Vereinten Nationen. Als Führungsorgan war ein Sicherheitsrat gebildet worden, der theoretisch jede Gewaltanwendung eines Staates (aber nur zur Selbstverteidigung) zu legitimieren hatte. Er bestand aus den Siegermächten des Zweiten Weltkriegs – USA, Großbritannien, Frankreich, der Sowjetunion (mittlerweile Russland) und China (bis 1971 die „Republik China", das heutige Taiwan, seitdem die Volksrepublik) als ständige Mitglieder. Das waren damals die anerkannten Nuklearmächte (im Falle Chinas die Volksrepublik China). Hinzu kamen und kommen heute noch jeweils für zwei Jahre zehn weitere Länder, die die Generalversammlung wählt. Die ständigen Mitglieder, die sog. P5 („Permanent Five"), haben im Sicherheitsrat ein Veto-Recht: Gegen ihre Stimme kommt kein Beschluss zustande. Dieses Gremium kann und soll Entscheidungen treffen, die die Ordnung der Welt stabilisieren.

Der Sicherheitsrat – ein Papiertiger?

Dies gelingt jedoch nur selten. Mit dem Auseinanderbrechen der Allianz der Siegermächte kurz nach dem Zweiten Weltkrieg führte die ideologisch unterschiedliche Ausrichtung der Staaten und der Gruppen, die hinter ihnen standen, dazu, dass eine der P5 immer mit „Nein" votierte, also ihr Veto einlegte. In den 1990er Jahren gab es eine kurze Zeit, in der dies keine große Rolle spielte. Damals kam es auch zu Entscheidungen im Sicherheitsrat, etwa zu den Militäroperationen (UNPROFOR) auf dem Balkan. Aber bald danach, als Wladimir Putin in Moskau die Macht übernahm und Russlands Großmachtinteressen neu formulierte, traten die Interessengegensätze der P5 wieder so zutage, dass der Sicherheitsrat wirklich wegweisende Beschlüsse nicht mehr treffen konnte.

Immer wieder wird darüber diskutiert, ob der UN-Sicherheitsrat reformiert werden muss. Weder Südamerika noch Afrika sind mit ständigen Mitgliedern, also mit Veto-Recht, in diesem Gremium vertreten. Dagegen haben gleich zwei westeuropäische Staaten dort ständig Sitz und Stimme, inkl. Veto-Macht. So wird über eine Erweiterung der P5 diskutiert. Das vereinigte Deutschland hat schon bald seinen Anspruch angemeldet. Auch Brasilien, Indien, Japan oder Südafrika sind Länder, die in diesem Kontext genannt werden. Aber für diese Reform bedürfte es eines einstimmigen Votums des Sicherheitsrates. Die Veto-Mächte dort haben jedoch kein Interesse an einer Veränderung des Status quo.

Es ist politisch unrealistisch anzunehmen, dass sich an dieser Lage etwas ändert. Die Politiker sollten sich dies eingestehen und ihre Energie nicht mehr auf diese Frage verschwenden. Die UN haben dennoch ihre Funktion: Es ist wichtig, dass im Sicherheitsrat die Konflikte dieser Welt unter allen Beteiligten besprochen werden. Dies zwingt jedes betroffene Land, seine Position präzise zu beschreiben. Dass dann nichts beschlossen werden kann, weil in der Regel immer eine der Veto-Mächte mit Nein stimmt, ist de facto nur begrenzt ein Problem. Denn die UN verfügen über keine Machtmittel, die Beschlüsse auch durchzusetzen. Die Einsetzung einer UN-Truppe bedarf ebenfalls eines Beschlusses des Sicherheitsrats.

Und selbst wenn die UN sich einmal zu einer Operation entschließen sollten, dann heißt das noch lange nicht, dass es auch zu einem Einsatz solcher „Blauhelm"-Truppen kommt. Die Vereinten Nationen verfügen nicht über eigene Truppen, sondern müssen Staaten finden, die diese bereitstellen. Oft findet sich für die Missionen niemand, der Truppen zur Verfügung stellt.

Die UN haben das Problem, über keine eigenen Truppen zu verfügen, durchaus erkannt. Der deutsche Generalmajor Manfred Eisele war von 1994 bis 1998 der für die sog. Blauhelme zuständige Untergeneralsekretär der UN. Er setzte durch, dass die UN eine Art Kartei führen, in der die Staaten aufgelistet sind, die bereit sind, Truppen für UN-Missionen bereitzustellen. Der Hintergrund dieser Maßnahme war, dass das UN-Sekretariat dann wüsste, wo es mit einer Chance auf Erfolg anrufen müsste, wenn es zu einem Einsatz käme. Das war damals eine Folge aus dem Versagen in Ruanda. Aber auch dieses Instrument blieb stumpf. Zum einen war der Andrang, in diesen Karteikasten aufgenommen zu werden, sehr überschaubar, zum anderen konnten die UN über die dort angemeldeten Truppen nicht frei verfügen. Die einzelnen Länder hatten sich die Einzelfallprüfung jeweils vorbehalten. Heute spielt dieses Instrument keine Rolle mehr.

 Dies ist symptomatisch. Auf dem Papier stellen die UN Instrumente bereit, auf die sich die Staatengemeinschaft geeinigt hat, wenn es jedoch darum geht, diese anzuwenden, behält sich jedes Land noch einmal die Entscheidung vor, ob es wirklich mitmacht.

Beliebiges Völkerrecht

Dies betrifft auch das Völkerrecht. Dass Grenzen nicht gewaltsam verändert werden dürfen, ist ein hehrer Grundsatz des Völkerrechts und entspricht der Friedenspflicht der UN-Charta. Er wird von vielen Ländern eingehalten. Wenn aber ein Land das Interesse und die Machtmittel entwickelt, sich regional auszuweiten, ist dieser Grundsatz schnell vergessen. In jüngster Zeit hat vor allem Russland dieses Prinzip verletzt. Sowohl gegenüber Georgien als auch gegenüber der Ukraine versucht Moskau, die Grenzen zu seinen Gunsten zu verändern. Aber auch China hat Karten erarbeitet, die zeigen, was die chinesische Führung als eigenes Territorium beansprucht. All das zeigt, dass der Respekt vor diesem Prinzip nicht überall ausgeprägt ist.

Es ist der Grundgedanke der UN, dass die Beibehaltung des Status quo in der Welt befriedend ist. Veränderungen dürfen nur einvernehmlich vorgenommen werden. Ein Beispiel dafür ist die Vereinigung der beiden deutschen Staaten zur neuen Bundesrepublik Deutschland oder auch die einvernehmliche Trennung der Tschechoslowakei in Tschechien und die Slowakei. Vielerorts aber funktioniert die Besinnung auf diesen Grundsatz nicht mehr.

Die UN-Charta postuliert also ein Völkerrecht, das das Zusammenleben der Staaten sichern und gestalten soll. Entsprechend wurde auch ein Kanon von Kriegsverbrechen aufgeschrieben (Beispiele für Kriegsverbrechen sind Tötung, Geiselnahme, Folter und Vergewaltigung) Verbrechen, die dennoch immer wieder begangen werden, und zwar zunehmend auch von nichtstaatlichen Terrororganisationen wie etwa dem „Islamischen Staat" oder jetzt wieder der palästinensischen „Hamas". Diese Organisationen sind rein formal nicht an die Regeln des Kriegsvölkerrechts gebunden, weil diese ja „nur" zwischen Staaten vereinbart worden sind. Putins Russland aber müsste sich auf jeden Fall an die Regeln halten. Er weiß aber, dass die Nichtbeachtung für ihn keine Konsequenzen haben wird. Selbst wenn der Sicherheitsrat darüber beriete, würde Putin eine Entscheidung mit seinem Veto verhindern.

Das Völkerrecht ist also de facto ein Schönwetterrecht: In Zeiten des Friedens kann man sich daran halten, in Kriegszeiten mutiert es zu einem Propagandainstrument, das immer die Seite nutzt, die hofft, darüber Sympathien in der Welt zu bekommen.

Das zeigt, dass die durch die UN-Charta vorgegebene Ordnung de facto nicht existiert. Es gilt das Recht des Stärkeren. Dessen Einhegung, die „regelbasierte internationale Ordnung", bleibt ein Ziel, ein Anspruch der demokratischen Welt, der gerade von den autoritären Mächten offen infrage gestellt wird. Und die UN haben keine Zwangsmittel, diese Ordnung auch durchzusetzen.

UN-Charta – westlich geprägt?

Hinzu kommt noch etwas anderes: Die UN-Charta folgt in ihrem Wertekanon den Orientierungen, die im Wesentlichen westliche Demokratien nach dem Zweiten Weltkrieg kennzeichnen. Das der Charta zugrunde liegende Menschenbild ist aus den Quellen christlich-abendländischer und demokratischer Traditionen gespeist. Es wird von Ländern mit anderen Kulturen zunehmend infrage gestellt, auch wenn Kultur selten der ausschlaggebende Grund dafür ist.

Der Internationale Strafgerichtshof

Ein ernsthafter Versuch, den Prinzipien der UN-Charta auch in Konfliktsituationen Geltung zu verschaffen, wurde im Zusammenhang mit den Kriegen auf dem Balkan und dem Völkermord in Ruanda unternommen. Auf Veranlassung der UN-Generalversammlung wurde 1998 mit dem Statut von Rom der Internationale Strafgerichtshof geschaffen, der allerdings kein Organ der UN und nicht mit deren Internationalem Gerichtshof zu verwechseln ist. Vor dem Internationalen Strafgerichtshof soll jeder angeklagt und abgeurteilt werden können, der für Kriegsverbrechen und Völkermord sowie Verbrechen gegen die Menschlichkeit verantwortlich ist. Allerdings haben vor allem die Großmächte wie die USA, China, Russland, aber auch Indien, Pakistan, Israel oder Kuba das Statut des Gerichtshofs nicht unterzeichnet und sind deshalb von seiner Rechtsprechung nicht betroffen. So werden meist nur Politiker und Soldaten der Länder angeklagt, die nicht zu den Mächtigen gehören. Allerdings riskiert zum Beispiel Wladimir Putin, der wegen Kriegsverbrechen in der Ukraine (die dem Statut beigetreten ist) angeklagt wurde, inhaftiert zu werden, wenn er sich in ein Land begibt, das Vertragspartei des Statuts ist. Er hat wohl deswegen eine Reise zu dem Erweiterungsgipfel der BRICS-Staaten nach Südafrika 2023 abgesagt. Ob es wirklich zu einer Verhaftung käme, wenn er reisen würde, bleibt fraglich. Das ist unbefriedigend und schafft keinen Rechtsfrieden.

Der sicherheitspolitische Wert der UN liegt vor allem in ihren Unterorganisationen. Der Hochkommissar für Flüchtlinge, die Welternährungsorganisation sowie die Entwicklungs- und Umweltorganisation sind Beispiele dafür, wie die UN im Sinne des friedlichen Zusammenlebens der Völker sehr Positives bewirken können.

Ein effizientes Instrument für die Beilegung von Konflikten sind sie dagegen nicht, allenfalls ein Rahmen, der für das Konfliktmanagement zur Verfügung stehen kann. Ein Votum des UN-Sicherheitsrats, formal Voraussetzung für die legitime Ausübung von Gewalt mit militärischen Mitteln, ist jedenfalls ohne Wert – eine Macht, die Gewalt anwenden will und die Mittel dazu hat, wird dies tun, ob mit oder ohne Votum in New York. Ständig werden auch Voten missachtet oder per Veto verhindert. Aber das UN-Wurzelwerk bleibt wichtig – nicht mehr, nicht weniger.

3.2 DIE OSZE – VOR DEM AUS?

Einen positiven Beitrag zum friedlichen Zusammenleben der Völker hat in Europa die „Organisation zur Zusammenarbeit in Europa" (OSZE) geleistet, auch wenn ihr genuin sicherheitspolitischer Beitrag schon seit Jahren in den Hintergrund getreten ist. Ja, die Organisation selbst stand erst am Ende des Jahres 2023 wieder einmal vor dem Aus.

Zartes Pflänzchen der Kooperation

Nach rund 20 Jahren der Blockkonfrontation und einer „Stabilität des Schreckens" waren Ende der 1960er Jahre erste Pflänzchen kooperativen Denkens aufgekeimt. Vor allem im „Frontstaat" Bundesrepublik Deutschland kam Ende 1966 eine damals noch Große Koalition aus CDU/CSU und SPD in die Verantwortung, die eine Entspannung zwischen den hochgerüsteten gegnerischen Blöcken anstrebte, um langfristig die Teilung Europas und Deutschlands zu überwinden.

Ihr gelang es, die Partner in der NATO zu überzeugen, diesen Weg mitzugehen. Der damalige belgische Außenminister Pierre Harmel verfasste einen Bericht für die Tagung des NATO-Rats im Dezember 1967, in dem er diesen Versuch ausbuchstabierte und eine Strategie des Bündnisses formulierte, die „flexible Antwort" genannt wurde. Statt wie bisher den Warschauer Pakt von einem militärischen Angriff auf die NATO abzuschrecken, indem mit einem massiven Atomschlag gedroht wurde, sollte jetzt den Gegnern im Osten Europas die Hand gereicht werden – auf der Basis einer gesicherten konventionellen Verteidigungsfähigkeit der NATO-Staaten unter dem weiterhin geltenden atomaren Schutzschirm der USA. So sollte die bedrohliche Konfrontation der beiden Blöcke überwunden und Raum für Ideen einer Partnerschaft geschaffen werden.

Die Sowjetunion griff damals die Idee auf und schlug eine gesamteuropäische Konferenz vor, die ein Grundlagendokument für eine europäische Sicherheitsordnung erarbeiten sollte. Angesichts des über Jahrzehnte gewachsenen und gepflegten Misstrauens zwischen den zwei Blöcken dauerte es bis 1973, ehe die westlichen Staaten dieser von Moskau angeregten „Konferenz für Sicherheit und Zusammenarbeit in Europa" (KSZE) zustimmten. Sie wurde in Helsinki, im damals neutralen Finnland, eröffnet und führte tatsächlich 1975 zur KSZE-Schlussakte, die in der finnischen Hauptstadt von den Staats- und Regierungschefs aller europäischer Staaten sowie der USA und Kanadas – insgesamt 35 Staaten – unterzeichnet wurde.

Vertrauen wurde langsam aufgebaut

Diese Schlussakte setzte einen Prozess in Gang, der lang und manchmal auch schmerzhaft war. Es wurde darum gerungen, wie trotz der ideologischen Gegnerschaft ein umfassender Entwurf für eine Sicherheitsordnung formuliert werden könnte, in der viele Werte gelten sollten, die das Zusammenleben der Teilnehmerstaaten in ganz Europa sowie das Verhältnis zwischen den Supermächten USA und Sowjetunion verbesserten. Die Unverletzlichkeit der Grenzen wurde vereinbart, es sei denn, sie würden einvernehmlich geändert (dies betraf vor allem die [alte] Bundesrepublik Deutschland, die die Grenze zur DDR nicht als „unverletzlich" sanktionieren, sondern sie überwinden wollte). Außerdem wurde wirtschaftliche Kooperation zwischen den Teilnehmerstaaten vereinbart, an der vor allem den Staaten des „Ostblocks" gelegen war. Darüber hinaus wurde die „Freizügigkeit von Menschen und Meinungen" festgehalten, auf die die westlichen Staaten drängten. Es war eine Sensation, dass sich in diesen Jahren in Wien auch die Vertreter der Generalstabschefs von Armeen diesseits und jenseits des Eisernen Vorhangs zu einem Seminar über Strategien trafen und Gespräche über Truppenreduzierungen auf beiden Seiten begannen. Hier wurden vorsichtige Tastversuche unternommen, ob man denn miteinander sprechen könnte.

Bei diesen Gesprächen wurden die sog. Vertrauensbildenden Maßnahmen (VBM) besprochen und nach langem Ringen dann auch vereinbart. Dabei ging es um erste, vorsichtige Schritte der gegenseitigen Öffnung. Es wurde vereinbart, dass man sich wechselseitig zu größeren Manövern einlädt. Jeder sollte sehen, was die Armeen der anderen üben und jeder wollte der anderen Seite zeigen, dass die Übungsszenarien rein defensiv waren. Damals hatten die Geheimdienste des Westens auch Manöverpläne der Nationalen Volksarmee der DDR in ihrem „Giftschrank", in denen zum Beispiel der Name der Stadt Braunschweig in kyrillischer Schrift buchstabiert war – und Braunschweig liegt nun eindeutig auf dem

Gebiet der alten Bundesrepublik, damit im Westen. Aber man blieb im Gespräch.

Der Bogen wurde weiter gespannt. In den Katalog sicherheitspolitischer Begriffe wurden „Rüstungskontrolle" und sogar „Abrüstung" aufgenommen. Ganz langsam entstand so etwas wie Vertrauen, die Voraussetzung für jede Rüstungskontroll- oder Abrüstungsvereinbarung. Aber das waren sehr zarte Pflänzchen, die beim leichtesten Windstoß umgepustet werden konnten.

So geriet diese Politik in eine ernste Krise, als die Sowjetunion Ende der 1970er Jahre begann, auf dem Gebiet der Warschauer-Pakt-Staaten, dem östlichen Gegenstück zur NATO, nukleare Mittelstreckenraketen mit einer Reichweite von bis zu 5.000 km aufzustellen; Raketen, die für ganz Europa eine Gefahr darstellten, nicht jedoch für Nordamerika. Das musste die NATO-Staaten alarmieren, weil die Bedrohung für die europäischen NATO-Staaten in ihrer Intensität von der Bedrohung des NATO-Partners USA abgekoppelt wurde. Würde das zu einer unterschiedlichen Sicherheit innerhalb des NATO-Bündnisses führen? Die Atlantische Allianz musste handeln.

Der NATO-Doppelbeschluss

Wie schon beim Harmel-Bericht verband die NATO auch jetzt wieder ein Verhandlungsangebot über Rüstungskontrolle mit der eigenen Verteidigungsfähigkeit („NATO-Doppelbeschluss" von 1979). Mittelstreckenraketen der US-Amerikaner würden in Europa aufgestellt, wenn die Sowjetunion ihre atomaren Mittelstreckenraketen aus dem östlichen Europa nicht abzöge. Es wurde lange, aber ergebnislos verhandelt. Die Führung in Moskau blieb hart. Die USA stellten die Raketen unter anderem in Deutschland auf (sog. Nachrüstung). Die Entspannung, damit auch die Verhandlungen über die von der NATO vorgeschlagene „Nulllösung" (null sowjetische Mittelstreckenraketen im Osten; null US-Raketen im Westen) gerieten in eine Krise.

Erst nach einem Politikwechsel in Moskau 1985 durch den jungen Generalsekretär der Kommunistischen Partei der Sowjetunion, Michail Gorbatschow, konnten Abkommen geschlossen werden, die beide Seiten auch einhielten. Gorbatschow begann zehn Jahre nach der Helsinki-Schlussakte damit, ein Ende der Blockkonfrontation zu suchen. So wurden nach weiteren Verhandlungen, nachdem die USA ihre Raketen stationiert hatten, die nuklearen Mittelstreckenraketen auf beiden Seiten doch noch abgezogen. Und auch die Gespräche über Truppenreduzierungen in Europa wurden 1990 in Paris zum Abschluss gebracht.

Die OSZE ergreift Maßnahmen für Demokratie und Frieden

Die Konferenz für Sicherheit und Zusammenarbeit in Europa (KSZE) wurde in eine ständige Organisation für Sicherheit und Zusammenarbeit in Europa (OSZE) umgewandelt, mit eigenem Sekretariat in Wien und mehreren Unterorganisationen, die die Einhaltung der getroffenen Vereinbarungen begleiten bzw. deren Nichteinhaltung anprangern sollen – etwa im Bereich der Menschenrechte, Medienfreiheit, Durchführung von Wahlen etc. Die OSZE stellt zum Beispiel bei fast allen Parlamentswahlen in Europa, übrigens auch in der Bundesrepublik, Wahlbeobachter, die untersuchen, ob die jeweilige Wahl entsprechend den Grundsätzen der demokratischen Staatengemeinschaft durchgeführt wurde. Immer wieder gibt sie Hinweise auf Fehler in den jeweiligen Ländern. Sie ist somit ein Seismograf für die Beachtung demokratischer Prinzipien in Europa.

Außerdem wurde die OSZE auch damit betraut, die Vereinbarungen der Minsker Abkommen zur Kontrolle des Waffenstillstands zwischen Russland und der Ukraine zu kontrollieren, der an der Demarkationslinie zu den von Russland unterstützten Separatisten-Milizen der ukrainischen Gebiete Donezk und Luhansk vereinbart worden war – freilich ohne dass die OSZE-Beobachter über Mittel verfügten, mit denen sie eine Missachtung des Waffenstillstands hätten ahnden oder unterbinden können. Sie konnten nur täglich detaillierte Berichte über das Geschehen an der Waffenstillstandslinie veröffentlichen. So erfuhr die interessierte Öffentlichkeit wenigstens, dass fast täglich Verstöße gegen das Abkommen stattfanden – übrigens von beiden Seiten. Die Mission diente der Klarheit der Lage und hätte eine Grundlage für weitere Verhandlungen sein können. Aber Russland hat dann entschieden, einen richtigen Krieg gegen die Ukraine, oder in eigenen Worten, eine „militärische Spezialoperation" zu führen.

Wie belastbar sind Vereinbarungen?

All das zeigt, dass die Rahmenbedingungen für solche Vereinbarungen kompliziert sind. Beide Seiten müssen ein Interesse daran haben, dass Vereinbarungen über Rüstungskontrolle in der jeweils aktuellen Situation tatsächlich eingehalten werden. Dafür ist ein militärisches Gleichgewicht nötig, zumindest aber das Bewusstsein, dass der andere einen selbst empfindlich treffen kann und dass die Aufrechterhaltung des Gleichgewichts notwendige Kosten verursacht. Beide Seiten müssen deshalb bereit sein, ein ausgereiftes Verifikationssystem zu vereinbaren und zu praktizieren, mit dem die Einhaltung des Abkommens auch überprüft werden kann; und sie müssen auf die Respektierung dieses Systems durch beide Seiten vertrauen können.

Wer nun etwa in der aktuellen Lage meint, der Krieg Russlands in der Ukraine könne durch Vereinbarungen über Rüstungskontrolle oder Abrüstung eingedämmt werden, wird schnell konstatieren müssen, dass es an allen Voraussetzungen dafür fehlt. Schon die in Minsk getroffenen Vereinbarungen von 2014 wurden nicht eingehalten. Russland steht auch nicht unter dem Druck, zur eigenen Sicherheit solche Abkommen schließen und auf Waffen verzichten zu müssen. Es praktiziert das Gegenteil eines offenen und ehrlichen Dialogs. Putin hat sein Nachbarland überfallen und bekräftigt unablässig, dass er seine Ziele erreichen werde. Es gibt keine Grundlage für ein Abkommen zu dieser Zeit als Voraussetzung für einen neuen Frieden, wo noch nicht einmal ein Waffenstillstand realistisch erscheint. Mit wem sollte es auch geschlossen werden?

Stattdessen kann nicht überraschen, dass die NATO, an deren Grenze dieser Krieg stattfindet, die aber nicht selbst Kriegspartei ist, nun auf ihr bewährtes Modell der Vorneverteidigung zurückgreift, um die Sicherheit ihrer Mitgliedstaaten an dieser Grenze zu garantieren. Heute ist das NATO-Gebiet ungleich größer als zu Zeiten des Kalten Krieges, aber das Prinzip ist dasselbe. Aktuell führt Kanada einen multinationalen Unterstützungsverband der NATO in Estland, Großbritannien in Lettland, Deutschland in Litauen. Die USA sind vor allem in Polen engagiert, Frankreich in Rumänien. Das ist praktizierte Bündnissolidarität.

Ein Modell für die Zukunft?

Das Überleben der OSZE hängt seit dem 24. Februar 2022 am seidenen Faden. In ihren Gremien herrscht das Konsensprinzip. Deshalb könnte sie völlig handlungsunfähig werden, wenn Moskau weiterhin nahezu alle Beschlüsse des Ministerrats blockiert.

Russland hat lange Zeit durch eine Politik des leeren Stuhls sein Desinteresse an der OSZE gezeigt. Aber wer nicht da ist, kann auch die Einstimmigkeit nicht verhindern. So blieb die OSZE handlungsfähig, konnten Beschlüsse gefasst werden, deren Wirkung aber überschaubar blieb, wenn Russland nicht eingebunden war. Mittlerweile nimmt Russland wieder teil, stimmt aber gegen Beschlussvorlagen. So verhindert Moskau zum Beispiel die längst fällige Neubesetzung des Generalsekretärpostens. Die Amtszeit der amtierenden Generalsekretärin Helga Schmid wurde lediglich um einige Monate verlängert. Damit ist die Aktionsfähigkeit der OSZE stark beeinträchtigt.

Die OSZE muss immer mehr mit den UN verglichen werden: Hier werden Probleme besprochen – übrigens mit weniger Verbindlichkeit als bei den UN –, aber nicht gelöst. Das war in den Anfangsjahren der OSZE anders. Damals hielten sich alle, auch Russland, an die Regel, dass ein im OSZE-Rat angesprochenes Problem in der nächsten Sitzung von dem Land, dem dort Vorhaltungen gemacht wurden, auch beantwortet werden musste. Auf dieser Basis wurden dann Lösungsvorschläge erarbeitet. Oft gelang es damals, Probleme gar nicht erst groß werden zu lassen. Sie wurden hinter den Mauern der Wiener Hofburg, in der die OSZE ihre Tagungsräume hat, gelöst. Die Chance zur Lösung wurde dadurch eröffnet, dass die Verhandlungen des OSZE-Rats auf Botschafterebene streng vertraulich geführt wurden. Es galt damals: So lange man von der OSZE nichts hört, arbeitet sie gut. Wenn sie in die Schlagzeilen geriet, haben ihre Mechanismen nicht funktioniert.

In der öffentlichen Wahrnehmung ist die OSZE kein „Big Player", aber sie bietet Sensoren, die den Stand des internationalen Klimas in Europa erkennen lassen. Ihre Instrumente sind geeignet, Probleme in Europa zu analysieren, zu benennen und ggf. Lösungsvorschläge zu erarbeiten. Sie kann als Forum dienen, in dem alle europäischen Staaten Probleme zur Sprache bringen können. Ob sich daraus etwas Konstruktives entwickeln kann, liegt an der Bereitschaft der Mitgliedstaaten, sich auf Konsultationen innerhalb der OSZE einzulassen. Der Wert dieser Organisation liegt also in der Klärung der Frage, ob sie die Chancen auf eine vertrauensvolle Zusammenarbeit fördern kann – oder ob die gegenwärtige konfrontative Haltung unter den Staaten dies unmöglich macht. In dieser Rolle hat die OSZE ihren Platz in der Vorbereitung einer künftigen europäischen Sicherheitsordnung.

Aus Europa kamen auch immer wieder Vorschläge, in anderen spannungsreichen Regionen der Welt einen ähnlichen Prozess in Gang zu setzen, wie den, der aus der KSZE entstanden ist. So sollte auch dort für Entspannung gesorgt werden können. Es ist bezeichnend, dass dieser Versuch noch nirgendwo ernsthaft betrieben wurde. Das künftige Schicksal der OSZE wird erweisen, ob solche Erwartungen an das europäische Beispiel gerechtfertigt sein könnten.

3.3 DIE NATO – AUSWEITUNG ODER KONZENTRATION AUFS WESENTLICHE?

Als Anfang 2020 das Coronavirus begann, sich von China aus über den gesamten Erdball zu verbreiten, standen natürlich zunächst die Gesundheitssysteme im Zentrum der Aufmerksamkeit, auch der politischen. Und so dachte zunächst niemand daran, dass diese weltweite Seuche etwas mit Sicherheitspolitik zu tun haben könnte. Das nordatlantische Verteidigungsbündnis NATO hat auch nicht nur den Hauch einer Zuständigkeit für gesundheitspolitische Angelegenheiten. Und dennoch trieben die Coronapandemie, ihre Bekämpfung, ihre Begleiterscheinungen sowie ihre Folgen – die bereits eingetretenen und erst recht die noch folgenden – auch die westliche Allianz um. Und dies in einer Zeit, in der das Bündnis und das Konzept des „Westens", das aufs Engste mit der Allianz verbunden ist, in einer tiefen Orientierungskrise steckten.

Die NATO und Corona – auf der Suche nach Orientierung

Kurz vor dem Ausbruch der Pandemie im fernen China Ende Dezember 2019 hatte die NATO bei einem Gipfeltreffen am 8. und 9. Dezember 2019 in London noch ihr 70-jähriges Jubiläum eher verhalten gefeiert. Der Präsident der Führungsmacht USA, Donald Trump, hatte das Bündnis von Anfang an, seit er am 20. Januar 2017 die Amtsgeschäfte im Weißen Haus aufgenommen hatte, für „obsolet" erklärt; er wird wohl nicht nach London gekommen sein, um zu feiern, sondern weil seine „erwachsenen" Berater ihm vermutlich gesagt haben, dass sein Fernbleiben einen Eklat ausgelöst hätte; ein Anführer, der kneift – das geht gar nicht. Und auch nach den Worten des französischen Präsidenten Emmanuel Macron, die NATO sei „hirntot", wenn sie nicht wieder eine politische Orientierung finde, waren keine Jubelworte zum Jubiläum zu erwarten gewesen. Auch wenn in Paris später die Wortwahl des Präsidenten für „maladroit" (etwa: ‚ungeschickt') erklärt wurde, seine Kritik und die des amerikanischen Präsidenten hatten immerhin zur Folge, dass der Generalsekretär eine hochrangige „Reflexionsgruppe" einsetzte, die sich Gedanken über die Zukunft der Allianz machen sollte und die im November 2020 ihren Bericht vorlegte.

Dann proklamierte die Münchner Sicherheitskonferenz, die vom 14. bis 17. Februar 2020 wie alljährlich die sicherheitspolitische und militärische Weltprominenz versammelte, den Zustand der „Westlessness", der Abwesenheit, ja des Fehlens einer gemeinsamen Vorstellung von dem, was bis dahin den „Westen" ausgemacht hatte. Mehr als in vielen Jahren zuvor war die NATO also mit sich selbst beschäftigt, infrage gestellt von innen und von außen, als die rasante Ausbreitung der Coronapandemie das internationale politische Leben über den Haufen warf.

Und während das Bündnis sich in dieser Phase der Unsicherheit an die Arbeit für ein neues „Strategisches Konzept" machte, das die Reflexionsgruppe vorbereiten und das der NATO wieder Orientierung geben sollte, bereitete sich das Partnerland Russland (NATO-Russland-Rat) auf einen militärischen Angriff auf das Partnerland Ukraine (NATO-Ukraine-Kommission) vor und setzte das Bündnis sowie die USA mit einem Ultimatum unter Druck, die Ukraine keinesfalls in die Allianz aufzunehmen und die Erweiterungen nach Osten von 1999 und 2004 praktisch rückgängig zu machen. Der dann am 24. Februar 2022 begonnene militärische Angriff Russlands auf die Ukraine, als „militärische Spezialoperation" zur „Denazifizierung" der politischen Führung in Kiew und zur „Demilitarisierung" der Ukraine verharmlost, stellte den endgültigen und gewaltsamen Bruch der europäischen Friedensordnung dar.

Zur Erinnerung: Der NATO-Vertrag vom 4. April 1949 ist recht kurz. In ihm verpflichten sich die Unterzeichnerstaaten, nach den Regeln der UN-Charta zur friedlichen Beilegung von internationalem Streit beizutragen, gemeinsam Fähigkeiten zur Abwehr eines bewaffneten Angriffs vorzuhalten, sich im Falle einer Bedrohung einer Vertragspartei zu konsultieren und sich im Falle eines bewaffneten Angriffs gegenseitig mit allen für notwendig erachteten Mitteln, einschließlich militärischer Mittel, beizustehen: „Ein bewaffneter Angriff auf eine oder mehrere Vertragsparteien in Europa oder Nordamerika soll als Angriff auf alle verstanden werden." Die NATO ist also eindeutig ein militärisches Verteidigungsbündnis.

Diesen Zweck hat sie bis jetzt auch ohne jeden Zweifel erfüllt – und erfüllt ihn weiterhin. Es kann kein Zweifel daran bestehen, dass etwa die baltischen Staaten, ehemals Sowjetrepubliken wie die Ukraine, nur deshalb noch nicht Objekt einer „militärischen Spezialoperation" geworden sind, weil der Herrscher im Kreml dann NATO-Territorium angreifen müsste. Dies schließt seine ansonsten eher fragwürdige Risikoabschätzung dann wohl doch aus. Anders als der Staatenbund EU, die ein fortlaufender Prozess auf dem Weg zu „einer immer engeren Union" ist, liegt das Kerngeschäft der NATO bei der Organisation militärischer Macht. Dieser Aufgabe ist sie gewachsen, auch wenn sich den Praxistest niemand so vorgestellt hat, wie er nun abläuft.

Und doch ist das Bündnis noch ein wenig mehr. In der Präambel des NATO-Vertrags heißt es: „Sie (die Vertragsparteien, d. A.) sind entschlossen, die Freiheit, das gemeinsame Erbe und die Zivilisation ihrer Völker zu sichern, die auf den Prinzipien der Demokratie, der Freiheit des Individuums und des Rechtsstaats beruhen." Das ist der Kern der „westlichen Wertegemeinschaft", von der im Zusammenhang mit dem Bündnis so oft die Rede ist. Und eine solche Wertegemeinschaft erfordert gegenseitige Solidarität in einem umfassenden Sinne, nicht nur bei der Abwehr bewaffneter Angriffe.

So sah sich die Allianz zunächst „mitten in einer nie da gewesenen Pandemie, die alle Alliierten und Partner betrifft" in der Pflicht, ihren Teil zur Bekämpfung beizutragen: „Alliierte unterstützen sich gegenseitig." Und NATO-Generalsekretär Jens Stoltenberg warnte vor den langfristigen Folgen der Coronapandemie, die auch erhebliche geopolitische Auswirkungen haben könne. Doch dann wurde die Allianz tatsächlich wieder damit konfrontiert, dass sich Mitgliedstaaten an ihrer Ostflanke von einem aggressiven Russland direkt militärisch bedroht sahen; von einem Russland, das tatsächlich einen brutalen Krieg begann, unprovoziert und entgegen jedem internationalen Recht.

In einer kurzen Zeitspanne hatte die NATO also sehr unterschiedliche Herausforderungen zu meistern, die die Frage nach ihrer Handlungsfähigkeit aufwarfen. Knapp 18 Monate nach Ausbruch der Pandemie beschloss das Bündnis (nachzulesen im Kommuniqué des Gipfeltreffens in Brüssel vom 14. Juni 2021): Die Resilienz (Widerstandsfähigkeit) der Mitgliedstaaten gegen allerlei neue Formen der Bedrohung ihrer Sicherheit, etwa im Cyberraum, durch hybride Kriegführung oder Klimawandel, zu stärken wird ausdrücklich zu einer Aufgabe des Bündnisses erklärt, auch wenn die unmittelbare Verantwortung dafür bei den Nationen und nicht bei der NATO liegt. Zu diesem Zweck wurde ein „Euro-Atlantisches Resilienzzentrum" in Bukarest eingerichtet (November 2023), das – wie andere Kompetenzzentren – zwar nicht Teil der Bündnisorganisation, aber eng mit der Allianz verbunden ist.

In diesem Zusammenhang machten die Staats- und Regierungschefs auch darauf aufmerksam, dass die Covid-19-Pandemie von Hackern ausgenutzt werde, um in die Kommunikationsnetze der Allianz einzudringen. Vor allem aber, erklärten sie, „unterstreicht die derzeitige strategische Lage und die Covid-19-Pandemie die Bedeutung der Kooperation zwischen NATO und EU angesichts der sich weiter entwickelnden Sicherheitsherausforderungen im Bereich der Resilienz, neuer disruptiver Technologien, der Auswirkungen des Klimawandels auf die Sicherheit, der Desinformation und des wachsenden geostrategischen Wettbewerbs".

Und dann gewann die enge Kooperation zwischen NATO und EU nach dem russischen Angriff auf die Ukraine erst richtig an

Bedeutung, aber anders, als es sich die Bündnispartner zu Beginn der 2020er Jahre vorgestellt hatten. Da die NATO in der Ukraine selbst nicht Kriegspartei ist und auch nicht sein will, sie aber nur über militärische Instrumente zur Reaktion auf eine Gefährdung der Sicherheit ihrer Mitgliedstaaten verfügt, ist eine enge Kooperation mit der Organisation nötig, die mit ökonomischen und finanziellen Sanktionen auf den Angreifer einwirken, ihm schmerzhafte Nachteile zufügen kann, damit er von seinem Angriff ablässt: die EU. Nur eine Kombination aus einer Beendigung des „business as usual" mit Russland, dessen Wirtschaft Teil der Weltwirtschaft ist (wenn auch nur in bescheidenem Ausmaß) und einer kräftigen Unterstützung der Ukraine, auch mit militärischem Material, könnte einen Erfolg für den Angreifer aussichtslos machen, ihn zum Rückzug veranlassen – und so auch die Sicherheit der NATO-Mitglieder garantieren.

Somit stellen sich für das Bündnis wichtige Fragen, deren Beantwortung für seine weitere Entwicklung von Belang sein dürfte, auch wenn der Angriffskrieg Russlands gegen die Ukraine vom 24. Februar 2022 die Prioritäten wieder neu setzt und weitere Fragen aufwirft. Aber Fragen im Zusammenhang mit nicht militärischen Bedrohungen der Sicherheit bleiben: Inwieweit war und ist die NATO auch von einer Gesundheitskrise wie der Pandemie konkret betroffen? Welche Bedeutung haben langfristige Auswirkungen der Pandemie in der Orientierungskrise, in der die Allianz sich immer noch befindet? Und welche Lehren sind daraus für die Zukunft der NATO zu ziehen?

Was ist NATO-Solidarität?

Als die Pandemie Anfang 2020 noch beherrschbar und auf wenige „Hotspots" in Europa und Nordamerika beschränkt zu sein schien, kümmerten sich die Nationen in ihrer jeweiligen Eigenverantwortung darum, die Verbreitung des neuartigen Coronavirus mit eigenen Mitteln zu stoppen oder zumindest einzudämmen. Und so kam es anfangs sogar zu Grenzschließungen, auch innerhalb der Europäischen Union, und zu Exportverboten, etwa von dringend benötigten Masken.

Plötzlich zählte nicht mehr die europäische oder transatlantische Solidarität, sondern nur noch der vermeintlich eigene Vorteil zum Schutz der eigenen Bevölkerung. Und die Führungsmacht des Bündnisses zeigte allen, wie es geht: „America First" inkl. Anwendung des „Defense Production Act", der es der US-Bundesregierung erlaubt, Firmen zur Produktion von Gütern zu verpflichten, die der nationalen Sicherheit dienen und nur der nationalen Sicherheit – in diesem Fall vor allem der dringend benötigten Masken und Beatmungsgeräte für die Intensivstationen in den Krankenhäusern, in denen die an Covid-19 Erkrankten ums Überleben kämpften.

Es wurde jedoch sehr schnell klar, wie sehr selbst reiche NATO-Staaten auf die Solidarität anderer angewiesen sind. Italien und Spanien waren die anfangs am schwersten betroffenen Mitgliedstaaten der Allianz. Sie suchten schnell beim „Euro-Atlantic Disaster Response Coordination Centre" (EADRCC) Hilfe, einem Unterstützungszentrum für Katastrophenhilfe, das der Operationsabteilung im Internationalen Stab der NATO angegliedert ist. Es war sozusagen die „natürliche" Anlaufstelle, wenn es um dringend benötigte Unterstützung durch militärische Fähigkeiten geht, die bei natürlichen oder menschengemachten Katastrophen schnell zur Verfügung gestellt werden können.

Die Außenminister der NATO erklärten dann, dass sie „mit medizinischem Personal, Krankenhausbetten, lebenswichtiger medizinischer Ausrüstung, sowie Erfahrung und Ideen für die Bekämpfung des tödlichen Virus" Unterstützung leisten wollten. Dazu gehörte vor allem auch die Unterstützung mit Lufttransportkapazitäten, die ebenfalls schnell verfügbar sein können, um Personal und Material dorthin zu bringen, wo sie am dringendsten benötigt werden.

Und weil es sich um ein Militärbündnis handelt, wurde aus dieser keineswegs militärischen Bedrohung sogleich ein Auftrag an den „Obersten Befehlshaber Europa" (Supreme Allied Commander Europe – SACEUR), der das „Alliierte Kommando für Operationen" führt, einen entsprechenden Operationsplan zu erstellen. Für die Operation „Allied Hand", die im Juni 2020 gebilligt wurde, stellte der US-General Tod D. Walters gleich eine „Task Force Covid 19" zusammen, deren Kommando er seinem stellvertretenden Chef des Stabes, dem französischen Generalleutnant Olivier Rittimann, übertrug. Nach dessen Wechsel an die Spitze des NATO Defence College in Rom nur wenige Monate später übernahm sein Nachfolger Brice Houdet diese Funktion.

Bei dieser „Operation" ging es vor allem darum, dass die NATO Alliierte oder Partnerländer im Notfall mit medizinischem Personal, auch mit ganzen Feldlazaretten sowie mit Pionieren und Experten aus den Streitkräften für die Abwehr von ABC-Gefahren (aus atomaren, biologischen und chemischen Kampfstoffen) unterstützen könne, wenn diese etwa wegen eines Zusammenbruchs ihrer öffentlichen Gesundheitsversorgung aufgrund hoher Infektionszahlen um solche Unterstützung bäten. Dafür bedient sich die Task Force im Wesentlichen des EADRCC (s. o.), aber auch der „Strategic Airlift Capability" (SAC) und des „Strategic Airlift International Solution"-(SALIS-)Programms (Vereinbarungen mit privat organisierten Firmen, über die die NATO Zugriff auf große Transportflugzeuge jenseits der Transportgeschwader der eigenen Streitkräfte hat). So konnten einige Mitgliedstaaten, etwa Albanien, Tschechien, Montenegro oder Nordmazedonien unterstützt werden, aber auch Partnerländer wie Moldawien, die Ukraine, Georgien, Bosnien-Herzegowina, Serbien oder Tunesien.

Doch die Coronapandemie forderte nicht nur die Solidarität der Alliierten heraus bzw. gab der Allianz Gelegenheit, in einer Zeit wachsender Zweifel an sich selbst Solidarität mit ihren Mitgliedstaaten und Partnerländern zu demonstrieren, sie stellte auch eine Herausforderung vor allem in drei Bereichen dar, die ganz praktischer Natur sind.

Zum einen hat die Allianz dafür zu sorgen, dass ihre eigenen Einrichtungen, vor allem in Einsatzgebieten, und auch ihr dort eingesetztes Personal vor den Gefahren einer Covid-19-Infektion oder jeder anderen Art von pandemischer Infektion geschützt sind. Und das heißt nicht nur, Soldaten und ggf. ihren Familien die notwendige gesundheitliche Vorsorge zukommen zu lassen. Vor allem in Einsatzgebieten, wo Soldatenfamilien keine Rolle spielen, ist die Gesundheitsvorsorge zwangsläufig auch mit der Unterstützung der lokalen Partner verbunden, auf die die Einsatzgruppen angewiesen sind. In Afghanistan zum Beispiel, wo damals NATO-Kräfte stationiert und im Einsatz waren, mussten auch die afghanischen Kräfte unterstützt werden. Oder bei der Trainingsmission der NATO im Irak, wo Spanien die örtlichen Behörden mit medizinischem Gerät unterstützte, auch wenn das NATO-Personal aus Sicherheitsgründen, nicht wegen der Pandemie, reduziert war. Im Kosovo, wo ebenfalls

NATO-Streitkräfte präsent sind, war Unterstützung auch für kosovarische Einrichtungen zu leisten. Militärische Einsätze der NATO in fremden Ländern bringen eben auch Verantwortung mit sich, deren Last unter den Bedingungen der Pandemie noch schwerer geworden ist und die Organisation vor neue Herausforderungen stellt.

Deshalb legte NATO-Generalsekretär Jens Stoltenberg zum andern in seinen ersten Stellungnahmen zu Beginn der Coronakrise Wert auf die Warnung, dass die Gesundheitskrise, die alle Mitgliedstaaten gleichermaßen betreffe, nicht zur Sicherheitskrise werden dürfe. „Die geopolitischen Auswirkungen der Pandemie könnten erheblich sein", sagte er. Und dabei hatte er nicht nur Schwierigkeiten bei den laufenden Operationen im Sinn. Wenn wirtschaftliche Probleme in Folge der Pandemie in einigen NATO-Staaten dazu führten, dass diese kritische Infrastruktur verkauften – wie es etwa Griechenland im Zusammenhang mit der Eurokrise mit dem Hafen Piräus getan hat –, könne dies „langfristig Auswirkungen auf die Sicherheit der Länder und die Reaktion im Falle einer neuen Krise haben". Der Schutz kritischer Infrastruktur ist bereits mit der Pandemie und deren Folgen stärker ins Blickfeld gerückt. Die Widerstandskraft der Gesellschaften, die Resilienz, müsse gestärkt werden.

In diesem Zusammenhang verwies die NATO auch auf Art. 3 des Nordatlantikvertrags, der ihr dabei helfe, ihre Kernaufgabe – die kollektive Verteidigung – zu erfüllen. Dieser Artikel enthalte die Verpflichtung eines jeden Mitgliedstaats, seine eigene Widerstandsfähigkeit zu erhalten und zu stärken. So werde auch die Verwundbarkeit der NATO insgesamt verringert, lautete die offizielle Sprachregelung. Freilich bezieht sich Art. 3 ausdrücklich nicht auf die Herstellung und Stärkung der gesellschaftlichen Widerstandsfähigkeit (Resilienz), sondern auf die „Sicherstellung und Entwicklung individueller und kollektiver Kapazitäten, um einen bewaffneten Angriff abzuwehren". Dass eine rechtliche Verpflichtung der Mitgliedstaaten zu einer Stärkung ihrer Resilienz tatsächlich aus Art. 3 des NATO-Vertrags abgeleitet werden kann, ist wohl eine mögliche, aber keineswegs zwingende juristische Interpretation. Dem Internationalen Stab der NATO schien sie jedoch wichtig zu sein.

Tatsächlich zählte aber vor allem die politische Entscheidung der Minister, die Allianz besser auf künftige Pandemien vorzubereiten und die kritische Industrie zu schützen. „Sichere Infrastruktur, sichere Telekommunikation, Regierungen, die auch in Zeiten der Krise funktionieren – all diese Themen sind von großer Bedeutung für die zivile Gesellschaft, aber auch für unsere militärische Bereitschaft", betonte Stoltenberg und lobte seine Organisation: „Diese Krise hat gezeigt, dass unsere Alliierten widerstandsfähig und geeint sind." Freilich betreffen die Maßnahmen, die die NATO für eine bessere Vorbereitung auf Pandemien und deren Folgen zu treffen hat, zunächst vor allem die NATO-eigenen Einrichtungen und Strukturen; alles andere bleibt Sache der Mitgliedstaaten und ginge weit über das hinaus, was Aufgabe der NATO ist. Aber ist die NATO auch für den Fall vorbereitet, dass ein solch tödliches Virus mit Absicht entwickelt und verbreitet wird? Gehört eine mögliche Gefahr des Einsatzes von Biowaffen jetzt zu einer realistischen Bedrohungsanalyse?

In diesen Zusammenhang gehört schließlich auch ein weiteres Problem, das den Verantwortlichen bei der NATO zu schaffen machte, inzwischen aber zum „Normalfall" geworden ist. Diese Pandemie, klagten sie, werde nicht nur von Hackern ausgenutzt, um in die Kommunikationsnetze der NATO einzudringen. Sie sahen vor allem, dass sich Russland und China eifrig der Coronakrise bedienten, um Zwietracht zwischen den Alliierten zu säen, Desinformation zu betreiben und – etwa durch pressewirksam inszenierte Hilfslieferungen (per Flugzeug oder per Lkw-Korso) von medizinischem Material, also vor allem die anfangs fehlenden Masken („Maskendiplomatie"), an ausgewählte NATO-Länder – Einfluss zu mehren. Die Entlarvung von PR-Aktionen und Desinformation gehörte deshalb ebenfalls von Anfang an zu den Prioritäten der NATO-Aktivitäten in dieser Gesundheitskrise.

Auch dieses Problem ist, wie die Notwendigkeit zur Stärkung von Resilienz, freilich nicht neu und auch nicht von der Pandemie verursacht, wohl aber durch die Coronakrise verstärkt worden. Inzwischen ist die planvolle Desinformation im Zusammenhang mit der „militärischen Spezialoperation" Russlands – allein dieser Begriff ist eine Desinformation, weil die Nutzung des eigentlich zutreffenden Begriffs „Krieg" strafbar ist – insbesondere in den staatlichen russischen Medien täglich zu beobachten. Und sie spielt auch im derzeitigen Gazakrieg eine Rolle. Reporter des französischen Fernsehsenders „France 2" haben aufgedeckt, wie antisemitische Sabotageaktionen in Frankreich (Davidstern-Graffiti an Häuserwänden in Paris) von gedungenen Agenten ausgeführt wurden, die von einem Büro in Moldova vermittelt wurden, das in Verbindung zum russischen Geheimdienst steht.

In ihren Versuchen, die öffentliche Meinung in den NATO-Staaten in ihrem Sinne zu manipulieren, lässt die Moskauer Führung nicht nach – und ist auch nicht ganz erfolglos. Dies wiederum verstärkt die Notwendigkeit der NATO und ihrer Mitgliedstaaten, insbesondere für ihre Aktionen und Operationen zur Unterstützung der Ukraine in ihrem militärischen Widerstand gegen die russischen Angreifer, die möglichst dauerhafte Unterstützung ihrer jeweiligen Öffentlichkeiten zu gewinnen und zu sichern.

So muss die NATO nun ihre ohnehin schon schwierige Zukunftsdebatte anreichern. Und sie wird ein bislang vor allem theoretisches Thema in einem neuen Licht betrachten müssen: Das Spektrum an Themen, das zum Beispiel die Pandemie der NATO beschert hat und das über den Zuständigkeitsbereich der NATO als militärisches Verteidigungsbündnis hinausgeht, ist eindrucksvoll, um es diplomatisch auszudrücken. Nicht alles ist neu. Und obwohl die NATO von ihrem (bescheidenen) Beitrag zur Bewältigung der Coronakrise gern einen Hinweis auf ihre Relevanz ableitete, hatte sich im Bündnis schon zuvor eine Tendenz verstärkt, die seit einigen Jahren die Diskussionen in der und über die Allianz geprägt hat – die Auffächerung möglicher Gefahren für die Sicherheit der Mitgliedstaaten jenseits militärischer Bedrohungen bei gleichzeitiger Verstärkung klassischer Großmachtkonflikte, in denen militärische Macht eine wichtige Rolle spielt. So wie es der russische Angriffskrieg in der Ukraine zeigt.

Und so stellt sich Anfang der 2020er Jahre die Frage, ob die Rolle der NATO bei der Bewältigung der Coronapandemie dem Bündnis bei seinen Bemühungen um eine neue Solidarität, um ein neues Verständnis seiner Aufgaben, hilft oder ob sie im Gegenteil von der Suche nach klarer Orientierung ablenkt, womöglich unpopuläre Maßnahmen, die aber im Interesse des Landes sind, etwa Waffenlieferungen, erschwert. Der neue Krieg in Europa, den Moskau entfesselt hat, lenkt die Frage nach der Orientierung wieder in eine andere Richtung: zurück zur klassischen Frage der militärischen Bündnisverteidigung; allerdings erweitert um den technologisch herausfordernden Aspekt der Desinformation (auf dem Schlachtfeld und in der Öffentlichkeit) und der Manipulation von Kommunikation, die auch bei militärischen Operationen von Belang ist.

Herausforderung für die NATO: Kohäsion

Schon die Schlussfolgerungen des NATO-Gipfels in Brüssel am 14. Juni 2021 zeigen, dass die Pandemie nur minimal Niederschlag in der umfassenden, 78 Punkte enthaltenden Gipfelerklärung gefunden hat. So machtvoll die Worte des Generalsekretärs von den dringend zu ziehenden Lehren aus der Pandemie klangen, wirklich Wegweisendes für die weiteren Tätigkeiten der NATO war darin nicht zu entdecken, jedenfalls nichts, was nicht schon seit Jahren auf der Tagesordnung der Allianz steht.

Vielmehr trug der Umstand, dass diese Tagesordnung des Bündnisses, sein Aufgabenheft, seit dem Ende des Kalten Krieges rhetorisch und praktisch immer umfangreicher wurde, in hohem Maße zu der Orientierungslosigkeit bei, die der NATO zunehmend zu schaffen machte, und zwar seit Jahren: Die tatsächlichen Gefahren für die Sicherheit der Mitgliedstaaten nahmen wirklich zu – vor allem seit Russland sich 2014 einige Teile der Ukraine angeeignet hatte –, während die NATO als hauptsächlich militärisches Verteidigungsbündnis immer weniger den Rahmen bot, in dem sich die Nationen gegen solche Gefahren wappnen konnten. Wie akut diese Gefahren tatsächlich waren und weiterhin sind, beweist der dann erfolgte militärische Angriff Russlands auf die Ukraine im Februar 2022. Die bessere Vorbereitung auf die nächste Pandemie diesem Aufgabenkatalog hinzuzufügen (in dem diese Gefahr im Übrigen schon längst enthalten war, wenn auch nicht an prominenter Stelle) ändert wohl nichts daran, dass die NATO in einem Aufgabenmeer zu ertrinken drohte; und niemand den Weg zum rettenden Ufer wies – bis der Angriff Russlands auf die Ukraine in unmittelbarer Nachbarschaft des Bündnisses (und der EU) den Wert und Nutzen militärischer

Verteidigungsfähigkeit und -bereitschaft wieder für alle offensichtlich machte.

Ein kurzer Blick auf die Geschichte der Allianz seit 1990 kann die Zunahme der Diskrepanzen in der Wahrnehmung des Bündnisses durch seine Mitgliedstaaten verdeutlichen, die sich bis zu den politischen Schlagworten „obsolet" (2017) und „Hirntod" (2019) zugespitzt haben. Die neuen Herausforderungen durch die Pandemie haben diesen Befund, der eine deutliche Verringerung der Kohäsion des Bündnisses ergab, nur verstärkt.

Dem als Triumph des „Westens" – quasi der von den USA geführten NATO – über den „Osten" – dem von der Sowjetunion beherrschten Block kommunistischer Staaten – empfundenen Ende des Kalten Krieges, verbunden mit der Hoffnung auf eine üppige „Friedensdividende", folgte unmittelbar ein veritabler Krieg in Europa – auf dem Balkan. Und schon waren sich die Mitglieder des gerade noch siegreichen Bündnisses nicht einig, ob und wie sie davon betroffen sein könnten.

Der US-Senator Richard Lugar brachte das Dilemma damals auf den Punkt: „NATO: Out of Area or Out of Business", lautete sein Ruf nach „US-Führung zur Wiederbelebung und Neudefinition der Allianz", den er beim „Open Forum" des US State Department am 2. August 1993 erhob. Während in Washington die Zukunft der Allianz „out of area", also jenseits der Verteidigung des Bündnisgebiets gesehen wurde, wollten vor allem die Europäer, dass es bei der Beschränkung der NATO-Aktivitäten auf die Vorbereitung für den klassischen Fall der Verteidigung des eigenen Territoriums („NATO Area") bleiben sollte. Die Europäer wollten sich um den Balkan kümmern – und US-Präsident Bill Clinton war damit einverstanden. Aber die Europäer erwiesen sich als unfähig, fanden sich stattdessen auf gegnerischen Seiten der sich bekriegenden Ex-Republiken Jugoslawiens wieder. Wozu sollte die NATO jetzt noch gut sein, wenn sie einen Krieg in Europa nicht beenden konnte und UN-Friedenstruppen, die kein Mandat hatten, Frieden zu schaffen, zuschauen mussten? Es folgten dann, ab 1995, zum ersten Mal doch noch militärische Einsätze (IFOR und SFOR) „out of area", in Bosnien-Herzegowina und 1999 auch im Kosovo (KFOR). Auf einen solchen Krieg war das Verteidigungsbündnis aber nicht vorbereitet, eine gemeinsame politische Strategie nicht erkennbar. Noch immer stehen NATO-Truppen im Kosovo, steht Bosnien-Herzegowina unter Aufsicht der „internationalen Staatengemeinschaft", ist praktisch ein Protektorat des „Westens". Ein Ende ist nicht in Sicht. Die Frage, wie es weitergehen soll, steht nach wie vor im Raum.

Dann entwickelte sich ein Streit darüber, ob und wie die Europäer angesichts ihres Scheiterns auf dem Balkan ihr eigenes Engagement zur Sicherheit Europas besser organisieren sollten – innerhalb der NATO oder mit eigener „autonomer" Handlungsfähigkeit? „Europäische Verteidigungsidentität" (ESDI) innerhalb der NATO, wie beim Jubiläumsgipfel 1999 beschlossen, oder „Europäische Verteidigungspolitik" (ESDP) in der EU, die diese 1999 zu proklamieren und mit konkreten Beschlüssen zu unterfüttern begann? Die USA warnten vor „unnecessary duplication" (‚unnötiger Verdopplung') und fürchteten um ihre Führungsrolle in und für Europa, hatten aber keine Einwände gegen die Doppelrolle des Oberkommandierenden ihrer nationalen Streitkräfte in Europa (EUCOM) als Oberbefehlshaber des NATO-Operationskommandos in Europa (SACEUR) – eine „necessary duplication"? Diese politische Auseinandersetzung über den Charakter des transatlantischen Verhältnisses, über die Führungsrolle der USA also, besteht bis heute fort.

Vor allem die erstmalige Anwendung des Beistandsartikels 5 des NATO-Vertrags am 12. September 2001, die ein machtvolles Zeichen der Bündnissolidarität mit den USA nach dem Terroranschlag des 11. September in New York und Washington D.C. sein sollte, hat die Allianz keineswegs gestärkt, wie ständig versichert wird, sondern verunsichert. War dies die neue Aufgabe des Bündnisses – Bekämpfung des internationalen Terrors? Zum einen folgte dieser einstimmige Beschluss des NATO-Rats keineswegs einem Wunsch aus Washington, wo niemand daran dachte, die NATO formell um Beistand zu bitten. Den jetzt von Präsident George W. Bush ausgerufenen „Global War on Terror" (GWOT) wollten die USA nach eigenem Gusto führen, und längst nicht alle Alliierten, vor allem nicht die Deutschen, sahen dies als Aufgabe des Verteidigungsbündnisses an. Auch in den Washingtoner Denkfabriken war in jenen Tagen die Einschätzung zu hören, dass die NATO dabei nicht von Nutzen sei, eher schon, gerade im Fall Afghanistan, eine Allianz mit Russland, das dort Erfahrung habe. Aber eine Aufgabe für das Bündnis werde sich schon finden, lautete es zum Trost. So begannen 2001 militärische Operationen der USA und einiger Verbündeter gegen das Taliban-Regime in Afghanistan. Dann, nach dessen Vertreibung in die Berge des Hindukusch und nach Pakistan, folgten Einsätze zur Stabilisierung des von westlichen Alliierten eingesetzten und später durch Wahlen legitimierten Regimes in Kabul, bei denen die NATO formal erst 2003 eine Rolle zu spielen begann.

Und so gab es von Anfang an auch keine gemeinsame Strategie für diesen längsten Krieg, den die USA oder die NATO je geführt haben. Operationen der NATO und der USA sowie die entsprechenden Kommandostränge blieben zunächst getrennt, verliefen im besten Falle parallel. Später, als die Kommandos der NATO- und der US-Operation unter einem Amerikaner vereinigt wurden, gab es zeitweise Fortschritte, aber letztlich entschied allein Washington und stellte die Alliierten mehrmals mit Strategiewechseln vor vollendete Tatsachen. Auch die Entscheidung zum endgültigen Abzug nach 20 Jahren im Sommer 2021 trafen die USA allein. Präsident Trump hatte darüber mit den Taliban verhandelt, ohne die vom Westen, also auch von den USA unterstützte Regierung in Kabul einzubeziehen. Der Abzug der US-Truppen sollte im März 2021 stattfinden. Sein Nachfolger Joe Biden hat diesen dann noch bis August hinausgezögert. So konnte der britische Verteidigungsminister Ben Wallace nach einer Sondersitzung des NATO-Rats am 13. August 2021 nur resigniert feststellen, dass der Abzug der NATO-Truppen, die ohnehin seit 2014 „nur" noch Ausbildungshilfe für die afghanischen Streitkräfte leiste (Operation „Resolute Support"), zur falschen Zeit komme und den Taliban, die das Land rasch von den Regierungstruppen zurückeroberten, die Gelegenheit eröffne, alles Erreichte wieder zunichte zu machen. Zwei Tage später zogen die Taliban wieder in den Präsidentenpalast in Kabul ein. Der größte und längste militärische Einsatz der NATO war gescheitert. Eine kritische Aufarbeitung dieses Desasters ist wohl der neuen Herausforderung zum Opfer gefallen, die der Krieg Russlands gegen die Ukraine nun für die NATO bedeutet. Eine so eklatante militärische, aber eigentlich politische Niederlage kann jedoch nicht ohne Folgen für das Selbstverständnis des Bündnisses bleiben – auch nicht für seine internationale Glaubwürdigkeit.

Streitthemen der Allianz

Auch über den Krieg der USA gegen den Irak 2003 zerstritt sich das Bündnis. Der Bündnispartner Türkei verweigerte den USA zeitweise Überflugrechte für ihre Kampfflugzeuge. Die Bündnispartner Frankreich und Deutschland weigerten sich zudem, den USA auf den Weg in den Krieg zu folgen, für den Erkenntnisse über eine angebliche Entwicklung von Atomwaffen in der irakischen Wüste als Legitimation dienen sollten, die sich jedoch letztlich als falsch herausstellten. An den gegenseitigen Vorwürfen mangelnder Solidarität hätte das Bündnis damals durchaus zerbrechen können.

Und schließlich bedeutete auch das schon seit 2014 neuerlich aggressive Verhalten Russlands in Osteuropa (Annexion der ukrainischen Krim, hybride Kriegführung durch inoffiziell operierende russische Soldaten in Ostprovinzen der Ukraine, provokative „Snap Exercises" – Überraschungsübungen – der russischen Streitkräfte nahe den Grenzen zur NATO) Stress für die Allianz. Zwar konnte sie sich rasch darauf einigen, in den sich unmittelbar bedroht fühlenden Staaten im Baltikum und in Polen, eine (wenn auch kleine und rotierende) militärische „Forward Presence", also praktische Abschreckung als „Stolperdraht" zu etablieren und auch wieder Sorgen der Bündnisverteidigung ernst zu nehmen. Aber dass diese Antworten nicht ausreichten, um Russland 2022 von seinem Angriffskrieg abzuhalten, darauf also, dass die Bedrohungen aus dem Osten wieder in den Vordergrund rückten, während sie gleichzeitig gegen neue Gefahren aus dem Süden („Islamischer Staat", Krieg in Syrien, Revolte im Iran und dessen Annäherung an Russland und China) abzuwägen waren – all dies ist und bleibt Streitthema unter den Alliierten.

Das erfolgreichste Bündnis der Geschichte, als das sich die NATO stets feiert, leidet in Wirklichkeit darunter, dass seine Mitgliedstaaten seit dem Ende des Kalten Krieges 1990, seit sie tatsächlich militärische Einsätze leisten, nicht mehr wirklich zu einem gemeinsamen Verständnis der Bedrohungen und der Strategien zu deren Abwehr gefunden haben. Außerdem haben die Erweiterungen des Bündnisses von 16 auf inzwischen 32 Mitgliedstaaten, eine Verdoppelung also, zwar den Raum der Sicherheit in Europa vergrößert, es andererseits aber auch schwerer gemacht, im Bündnis Einigkeit herzustellen, die aber für die Fassung von Beschlüssen, beispielsweise im NATO-Rat, einfach notwendig ist.

Kein Wunder also, dass klare Orientierung angesichts der Vielfalt von Gefährdungen und Diskrepanzen fehlt. Die klare Einigkeit des Bündnisses in seiner Antwort auf den russischen Angriffskrieg gegen die Ukraine darf nicht darüber hinwegtäuschen, dass das jetzt nach langem Zögern beim Gipfeltreffen in Madrid im Juni 2022 verabschiedete „Neue Strategische Konzept" kaum hilfreich ist und die Einigkeit des Bündnisses in der Unterstützung der Ukraine zu bröckeln beginnt. Auf eine eigentlich schon viel früher notwendige Anpassung des Strategischen Konzepts von 2010 mochte sich das Bündnis aber lange nicht verständigen; zu groß war die Furcht, sich nicht einigen zu können.

Stattdessen wurde die Liste der Aufgaben immer länger (s. o.). Mit ihrem Strategischen Konzept vom November 2010 hatte die Allianz noch versucht, die Vielfalt der Herausforderungen unter einen Hut zu bringen, wobei auch die vielen nichtmilitärischen Sicherheitsherausforderungen ihren Platz fanden. Der Generalsekretär schuf sogar eigens eine neue Abteilung im Internationalen Stab der NATO, die Abteilung für „Neue Sicherheitsherausforderungen" (Emerging Security Challenges – ESC), die sich dieser Herausforderungen anzunehmen hatte. Hier aber zeigte sich auch das ganze Dilemma der sicherheitspolitischen Agenda, die sich im Bündnis seit 1990 herausgebildet hat und die zum Bild der Orientierungslosigkeit beiträgt.

So einleuchtend es war, Gefahren des Terrorismus, von Cyberangriffen, für die kritische Infrastruktur, von neuen technologischen Entwicklungen und auch von umweltbedingten Entwicklungen, einschließlich „Gesundheitsrisiken, Klimawandel, Wasserknappheit und zunehmender Energieverbrauch" in den Gefahrenkatalog für die NATO-Strategie aufzunehmen, so unklar war und ist weiterhin, welcher Teil der Verantwortung für die Bewältigung dieser Herausforderungen bei der NATO liegt, oder besser gesagt, welchen Teil der Verantwortung die Mitgliedstaaten an die NATO zu delegieren bereit sind. Der erprobte Rahmen jedenfalls, den die NATO als Organisation bieten kann – militärische Planung, diplomatische Konsultation – reicht bei Weitem nicht aus, wenn etwa die Verantwortlichkeiten für Terrorbekämpfung, umfassende Netzsicherheit, Energieversorgung etc. in den Mitgliedstaaten bei unterschiedlichen Organen liegen und zudem private Firmen die Entwicklung und den Schutz jeglicher Kommunikationstechnologie, auch der vom Militär genutzten, beherrschen. Kurz: Die Rolle der NATO und ihrer Gremien auf all diesen Gebieten bedarf der Überprüfung, möglicherweise der Ergänzung (Beratungen der Innenminister?). Jede Ausweitung von Aufgaben der Allianz kann aber nur eine unterstützende, eine subsidiäre sein, denn die Nationen haben den nichtmilitärischen Tätigkeiten des Bündnisses oft enge Grenzen gesetzt.

Die Pandemie hatte aus diesem Gefahrenkatalog plötzlich den Aspekt „Gesundheitsrisiken" hervorgehoben. Und sicher sind seitdem Überlegungen darüber angebracht, inwieweit die gesundheitspolitisch bedingten Einschränkungen Auswirkungen auf die Einsatzbereitschaft der Streitkräfte, mehr sogar noch auf die Aktionsfähigkeit der Gesellschaften, haben. Es sind aber auch darüber hinaus gehende Ideen nützlich, die bei der Suche nach Orientierung helfen könnten. So entstand in der ESC-Abteilung der NATO beispielsweise die Idee, dass die Pandemie den Trend zur Entwicklung eines neuen „Gesellschaftsvertrags" vorantreiben könnte – einer Entwicklung, in deren Verlauf der Resilienz der Nationen die gleiche Bedeutung zukommt wie den Fähigkeiten zur militärischen Abschreckung und zur Verteidigung; bei der der Begriff „Verteidigung" zunehmend über das rein Militärische hinaus als „Gesamtverteidigung" verstanden würde; die eine stärkere Zusammenarbeit der NATO mit der EU bei nichtmilitärischen Bedrohungen sähe. Aber das liefe auf eine andere Art NATO hinaus, eine Reform, die nicht mehr als reine „Anpassung" an neue Umstände verstanden werden darf und für die die Mitgliedstaaten die Handlungsbedingungen erst noch schaffen müssten.

Seit dem Ende des Kalten Krieges 1990 versucht die NATO also auf sehr unterschiedliche Weise, in Reaktion auf diverse Sicherheitsherausforderungen ihre fortwährende Relevanz unter Beweis zu stellen. Der Vielfalt der neuen Gefährdungen ihrer Sicherheit konnten die Mitgliedstaaten aber nicht mit einer Priorisierung der Aufgaben für die Allianz begegnen, sondern nur mit einer Ausweitung der Liste, in der dann jeder seine dringendsten Interessen finden kann. Die Bewältigung der Pandemie rutschte zwar auf dieser Liste ein wenig nach oben, aber der russische Krieg verwies all diese Überlegungen wieder in den Hintergrund, obwohl er gleichzeitig klar macht, welche Bedeutung Netzsicherheit, Energieversorgung und hybride Kriegführung für die militärischen Operationen haben. Die andauernde Suche nach Orientierung ist also nicht leichter geworden.

Kann es bei „NATO 2030" bleiben?

Nach dem NATO-Gipfel 2019, bei dem das 70-jährige Bestehen der Allianz nur mit gedämpftem Jubel gefeiert wurde, hatte Generalsekretär Stoltenberg wie beschrieben eine „Reflexionsgruppe" eingesetzt, die bei der Suche nach Orientierung helfen sollte. Sie legte im November 2020 ihren Bericht „NATO 2030" vor und setzte gleich zu Beginn Prioritäten, die aus den bis dahin stattgefundenen Veränderungen des internationalen Sicherheitsumfelds erwuchsen und der Allianz Orientierung geben könnten, ihr aber auch Entscheidungen abforderten, denen sie sich bislang, wenn überhaupt, nur sehr zögerlich gewidmet hat.

Die militärische Komponente, die „seit einigen Jahren" (genauer: seit 2014) wieder mehr Bedeutung erhalten habe, müsse weiter gestärkt werden, wird im Bericht gefordert. Das implizierte Fragen nach Kosten und Fähigkeiten, über die schon seit Langem gestritten wird. Also: Welche militärischen Fähigkeiten sollen erworben oder ausgebaut werden? Fortschritt gegenüber dem Istzustand wäre gewesen, wenn man in diesen Fragen größere Übereinstimmung erzielt hätte.

Das aber war nicht der Fall. Zwar hatten sich die NATO-Staaten bei ihrem Gipfeltreffen in Wales 2014 auf den Beschluss einigen können, dass jeder von ihnen seine Militärausgaben innerhalb von zehn Jahren, also bis 2024, auf mindestens zwei Prozent des Bruttoinlandsprodukts erhöhen solle, aber schon dieser Beschluss war mühsam. Vor allem Deutschland hatte sich gegen eine starre Vorgabe gewehrt. Und die Höhe von Verteidigungsausgaben an sich sagt ja noch nichts darüber aus, ob dieses Geld sinnvoll ausgegeben, in welche Fähigkeiten es also investiert wird. So wurden diese „zwei Prozent" fast zum Dogma für die Glaubwürdigkeit des Engagements eines Mitgliedslandes für seine Verteidigung. Diese Zahl ist aber eine rein politische und sagt nichts aus über die Art der militärischen Fähigkeiten, die zu erwerben sind. Und sie ist paradoxerweise leichter und schneller zu erreichen, wenn die wirtschaftliche Entwicklung eines Landes schlechter ist. Die Stärkung der militärischen Komponente der Allianz über die Definition einer Zielmarke für die Militärausgaben zu erreichen, schafft nur scheinbar Klarheit.

Größere Klarheit konnte auch das dann im Juni 2022 verabschiedete neue Strategische Konzept nicht schaffen. Plötzlich lag die Priorität bei der Frage, was die NATO und ihre Mitgliedstaaten zu den militärischen Fähigkeiten der angegriffenen Ukraine beitragen könnten. Systemische Schwächen, aber auch politische Divergenzen im Bündnis traten sofort zutage, auch wenn die politische Einigkeit der Allianz in Reaktion überzeugend war.

Die politische Dimension des Bündnisses müsse wachsen, wird im Bericht weiter gefordert. Dem musste sich die Allianz nach dem 24. Februar 2022 zwangsläufig stellen. Und sofort war die Frage zu entscheiden, ob und wenn ja, in welcher Weise neue Formen politischer Konsultation der Alliierten gebildet werden sollten und welche Rolle dabei der Führungsmacht USA zukomme. Die Einladung des US-Verteidigungsministers Lloyd Austin zu einer „Kontaktgruppe zur Unterstützung der Ukraine" auf den US-Luftwaffenstützpunkt in Ramstein bei Kaiserslautern war die schnelle Antwort auf diese Frage. Ohne jeden Zweifel sind die USA die militärische Führungsmacht, wie Russlands Krieg gegen die Ukraine deutlich unter Beweis stellt. Aber die Zweifel sind geblieben, ob sie *die* politische Führungsmacht des Bündnisses sein können, die sie gern sein wollen. So hat das Bündnis zum Beispiel im Sommer 2024 vorsorglich selbst die Aufgabe übernommen, die militärische Unterstützung für die Ukraine zu koordinieren, was bisher von den USA geleistet wurde. Dies sollte nicht einer möglichen künftigen

Trump-Administration überlassen werden, die nach den US-Wahlen am 5. November 2024 ins Amt kommen könnte.

Die Divergenzen jedenfalls dürften weiterhin erheblich bleiben und sich womöglich verschärfen, wenn Donald Trump nach den Wahlen im November 2024 erneut ins Weiße Haus einziehen und/oder die Republikaner Mehrheiten in beiden Häusern des Kongresses erringen sollten. Schon bald kam nämlich aus seinem Lager erheblicher Widerstand gegen die Unterstützung der Ukraine, was den Kriegsverlauf im Jahr 2023 nicht unerheblich beeinflusste. Aber auch wenn es so weit nicht kommen sollte, dürften die geopolitischen Prioritäten der Weltmacht USA und ihrer europäischen Bündnispartner auseinander driften. Im globalen Wettbewerb der Führungsmächte USA und China gewinnen für die USA Bündnispartner außerhalb Europas an Bedeutung.

Beide Fragen, so die Autoren des NATO-Berichts im Herbst 2020, die der militärischen Fähigkeiten und die der politischen Rolle der Allianz, seien in einem strategischen Umfeld zu sehen, das durch einen wieder „wachsenden Wettbewerb der Großmächte" (USA, China, Russland) gekennzeichnet sei, der im Falle Russlands vor allem revisionistische Ambitionen verfolge. Außerdem verursache das Verhältnis zwischen den USA und Europäern internen Stress, weil „einige Amerikaner sich sorgen, dass Europäer sich vor ihrer Verantwortung für die gemeinsame Verteidigung drücken – oder sich gar auf den Weg in eine Autonomie begeben, und zwar in einer Weise, die die Allianz spaltet."

Im Vordergrund steht dann der Zusammenhalt des Bündnisses, seine Kohäsion, damit es seine ureigensten Aufgaben weiter erfüllen kann. Es geht also tatsächlich um seine Relevanz für jede der inzwischen 32 Nationen, die der NATO angehören. „Politische Divergenzen innerhalb der NATO sind gefährlich, weil sie es externen Akteuren, insbesondere Russland und China, erlauben, solche Differenzen innerhalb der Allianz auszunutzen", heißt es in dem Bericht. Die zentrale politische Aufgabe der NATO sei es deshalb „die transatlantische Allianz für eine Ära strategischer Gleichzeitigkeiten (also gleichzeitig auftretender strategischer Herausforderungen) zu festigen". Das wird schwierig, denn „Divergenzen in der Bedrohungsanalyse können nicht einfach weggewünscht werden". Die NATO brauche also unbedingt „politische Übereinstimmung bei den wichtigsten Fragen."

Daran mangelte es noch 2020 offensichtlich, sonst hätte die Reflexionsgruppe ihre Gedanken nicht in den folgenden sechs Visionen präsentiert, die erst noch zu erreichen sind:

► Die NATO soll ihre Rolle als Stabilitätsanker im euro-atlantischen Raum bewahren. Diese Rolle ist offensichtlich in Gefahr.

► Sie soll die kollektive Verteidigung aller ihrer Mitglieder sicherstellen, und zwar auf der Grundlage eines zeitgemäßen Strategischen Konzepts (das dann endlich in Auftrag gegeben wurde). Seit dem Überfall Russlands auf die Ukraine hat dieses Strategische Konzept jedoch praktisch keine Relevanz mehr, weil es seitdem darum geht, die Ukraine in ihrer Verteidigung gegen den Aggressor so zu unterstützen, dass dieser sich zurückziehen muss. Das heißt: Ohne selbst zur Kriegspartei zu werden, muss die NATO dafür sorgen, dass ihr Noch-nicht-Mitglied Ukraine diesen Krieg gewinnt. Über dieses politische Ziel aber herrscht keineswegs Einvernehmen.

► Das Bündnis soll seine Rolle als wichtigstes Forum für alle größeren nationalen Sicherheitsherausforderungen stärken, das Alliierte in Anspruch nehmen. Dies aber lässt seit Langem zu wünschen übrig. Weder die USA noch etwa die Türkei oder andere größere NATO-Staaten wie Großbritannien oder Frankreich richten ihre nationalen Sicherheitspolitiken nach Beratungen in der Allianz aus.

► Das Bündnis soll eine größere Rolle im internationalen System offener Gesellschaften spielen, womit gemeint sein dürfte, dass es im Wettbewerb der USA mit den autoritären Großmächten China und Russland an der Seite Washingtons stehen soll.

► Es soll strategische Partnerschaften mit Ländern pflegen, die demokratische Prinzipien teilen oder sich, wo dies nicht möglich ist, für geteilte Sicherheit einsetzen. Dies impliziert, mit den „strategischen Partnern", zum Beispiel den Demokratien im indopazifischen Raum, zusammenzuarbeiten.

► Schließlich soll die NATO ihre Beziehungen zur EU intensivieren, wodurch das Verhältnis zwischen diesen beiden Organisationen, die zudem zeitgleich an ihren strategischen Konzepten arbeiteten, auf eine neue Stufe gehoben werden müsste.

So sehr diese Visionen überzeugen können, so liegen doch in jeder einzelnen noch die Keime der Divergenzen, die überwunden werden sollen. Daran ändert auch die Herausforderung durch den russischen Angriffskrieg grundsätzlich nichts. Im Gegenteil – es gehört zur Strategie des hybriden Krieges, wie ihn der Kreml führt, die Divergenzen unter den NATO-Staaten zu vergrößern und zur Schwächung der Einheit des Bündnisses auszunutzen.

Bei „nichtmilitärischen Bedrohungen" komme der NATO vor allem die Rolle zu, Informationen zu teilen und als Frühwarnsystem zu funktionieren, denn die primäre Verantwortung liege weiter bei den Mitgliedstaaten. Immerhin sollten Bedrohungen etwa durch Klimawandel oder Pandemien Eingang in den NATO-Planungsprozess für Resilienz und Krisenmanagement finden, schlagen die Berater vor. Damit könnten solche Aspekte auch in Übungen eingebaut werden, die zur Vorbereitung der NATO und ihrer Mitgliedstaaten auf sicherheitsrelevante Krisensituationen regelmäßig durchgeführt werden.

In ihrer Analyse nichtmilitärischer Bedrohungen der Sicherheit sieht die Reflexionsgruppe die Notwendigkeit, dass diese insgesamt – also einschließlich der Faktoren Klimawandel, Energiesicherheit, Cybersicherheit, Terrorismus – zu einer tiefer gehenden Diskussion über die Begriffe „Sicherheit" und „Verteidigung" und damit auch der Begriffe „innere" und „äußere" Sicherheit sowie der Rolle von „Streitkräften" und „Sicherheitskräften" und dem Platz des Bündnisses in diesem Zusammenhang führen. Vielleicht muss sich die NATO also ganz neu erfinden oder sich auf ihren militärischen Kern beschränken, wenn sie relevant bleiben will.

Ein Dilemma bleibt für die NATO bestehen: An ihrem Kernauftrag, wie im NATO-Vertrag formuliert, soll sich nichts ändern. Im Gegenteil: Der Krieg Russlands gegen die Ukraine stellt ihn wieder ins Zentrum der Diskussion. Aufgabe der NATO ist und bleibt die Verteidigung territorialer Integrität, politischer Unabhängigkeit und Sicherheit ihrer Mitgliedstaaten. Allerdings sollen den Empfehlungen zufolge auch die im Strategischen Konzept von 2010 formulierten drei Kernaufgaben intakt bleiben: kollektive Verteidigung, Krisenmanagement und kooperative Sicherheit über Partnerschaften. Schon dabei aber ist das Bündnis inzwischen mit sehr vielen Aufträgen befrachtet, die alle mit der Sicherheit ihrer Mitglieder zu tun haben, ohne dass eine halbwegs präzise Definition des Begriffs „Sicherheit" und der Rolle des Bündnisses dabei vereinbart wäre. Und auch über die Zielsetzung der Unterstützung für die angegriffene Ukraine, die jetzt alle anderen Fragen überlagert, herrscht im Bündnis keineswegs Klarheit.

Beispielsweise fußen die meisten militärischen Unterstützungsleistungen, etwa für die baltischen Republiken, nicht etwa auf Entscheidungen der NATO, sondern auf bilateralen Vereinbarungen zwischen NATO-Staaten und den baltischen Partnern. Die vereinbarte Aufstellung einer Litauen-Brigade der Bundeswehr zum Beispiel ist so ein Fall. Abgesprochen mit den NATO-Partnern, ist dieses Engagement gleichwohl eines zwischen Vilnius und Berlin, nicht zwischen Vilnius und dem NATO-Hauptquartier. So rückt nicht nur die Frage seiner militärischen Fähigkeiten zur Bündnisverteidigung wieder ins Zentrum der Debatten im Bündnis, sondern auch die Frage nach seinem politischen Zusammenhalt.

Es kommt ein weiterer Aspekt hinzu, der nun im Zusammenhang mit dem neuerlichen Nah-Ost-Krieg auftritt. Als Folge israelischer Operationen gegen die Hamas in Gaza greifen Hamas-Verbündete israelfreundliche Länder auf breiter Front an. Die Angriffe der vom Iran unterstützten jemenitischen Huthi-Rebellen auf Handelsschiffe von Reedereien aus westlichen Staaten sind dafür ein Beleg. Formal gehören die Handelsschiffe zu den Ländern, unter deren Flagge sie fahren. Schiffe westlicher Staaten werden allerdings oft „ausgeflaggt", also in Ländern registriert, die geringe Löhne zulassen und geringe Steuern fordern. Dennoch ist auch dieses Thema für das atlantische Bündnis relevant. Gerade am Beispiel der Meerenge von Bab al-Mandab zeigt sich dieses Problem besonders: Wenn Handelsschiffe dort beschossen und an ihrer Weiterfahrt ins Rote Meer sowie den Suezkanal gehindert werden, sind die Interessen von NATO-Staaten massiv betroffen. Es geht nur im übertragenen Sinne um die territoriale Integrität – eben um die Schiffe als „beweglichen Teil des Territoriums". Im Vordergrund stehen Lieferketten und die Versorgung mit Handelsgütern. Wenn die Lieferketten nicht mehr funktionieren oder die Preise für den Gütertransport ins Unermessliche steigen, hat dies, je nach Art der transportierten Güter, Auswirkungen auf die Sicherheit oder auf den inneren Frieden in den NATO-Ländern. Diese Frage gehört also in die Beratungen der Allianz. Und wieder zeigt sich, dass die NATO politisch nicht (mehr) homogen ist. Die Bewertung der Lage in Israel und dem Gazastreifen wird nicht in allen NATO-Staaten gleich vorgenommen, militärische Aktionen gegen die Bedrohung der Schifffahrt durch die Huthi-Rebellen werden nicht von der NATO, sondern von den USA und Großbritannien unternommen – und auf andere Weise mit anderem Mandat durch die EU. Dieses Mandat umfasst jedoch weniger, als die USA und Großbritannien wollen. Diese beiden Staaten wollen Stellungen der Huthi-Rebellen auch an Land bekämpfen, die EU-Staaten nicht. Hier ist also auch die Handlungsbreite unterschiedlich ausgeprägt. Deswegen kann dort nicht die NATO, sondern „nur" die EU handeln – bei gleichzeitig anderer Operationsführung durch die USA und Großbritannien.

Schlussfolgerungen für die NATO

Das überwölbende Anliegen der NATO ist und bleibt ihre Kohäsion, ihr Zusammenhalt, und die Überwindung oftmals grundsätzlicher Divergenzen zwischen sehr unterschiedlichen Mitgliedstaaten, die auch im Rahmen des Bündnisses, anders als bei der EU, nichts von ihrer nationalen Souveränität abgeben.

Die jüngsten Herausforderungen halten für die NATO im Wesentlichen drei Lehren parat:

▶ Die Gesundheitskrise 2020/2021 war Anlass und Gelegenheit, in einer Ausnahmesituation Solidarität unter Bündnispartnern zu praktizieren und dafür ihre gut etablierten Strukturen und eingespielten Verfahren zu nutzen. Daraus wurde gern schnell eine „Operation", die von einem routinierten Militärapparat umgesetzt wurde, wenn er die Mittel dazu erhielt. Die Demonstration solcher Solidarität diente in einer sehr spezifischen Lage zugleich der Kohäsion des Bündnisses. Nicht mehr, nicht weniger.

▶ Es wurde auch klarer als je zuvor, dass nichtmilitärische Risiken für die Sicherheit unserer Staaten und Gesellschaften eine immer größere Bedeutung einnehmen. Bedrohungen, die aus dem Klimawandel mit Wassermangel und Überschwemmungen, aus einer drohenden oder tatsächlichen Unbewohnbarkeit von Territorien und Migrationsbewegungen erwachsen, sowie aus Konflikten, die daraus entstehen können, sind zu einem deutlich wahrnehmbaren Element zivilisatorischer Gefahren geworden, die sich langfristig auf das Zusammenleben von Menschen und Staaten, national und international, auswirken werden.

▶ Ein militärisches Verteidigungsbündnis kann diesen Gefahren wenig entgegensetzen, es kann solch existenzielle Bedrohungen für die Sicherheit seiner Mitgliedstaaten aber auch nicht außer Acht lassen. Dies gilt insbesondere, weil die Abhängigkeit der Staaten und Gesellschaften von digitaler Informationstechnologie damit ins Rampenlicht geführt wurde und diese technologischen Entwicklungen auch das Wesen und die Beherrschung militärischer Fähigkeiten weiter verändern. Damit wird die klassische Trennung zwischen innerer und äußerer Sicherheit tendenziell aufgehoben, die bisher eiserne Regel demokratischer Staaten war.

Die Beschäftigung des Bündnisses mit „neuen Sicherheitsherausforderungen", mit den „Emerging Security Challenges" (ESC), die lange als „ESC = Escape (,Flucht')" verlacht wurde, ist der Versuch der NATO, diesen grundsätzlichen Veränderungen des Sicherheitsumfelds gerecht zu werden. Dazu gehört auch, dass das Thema einer absichtlichen Verbreitung tödlicher Viren, also des Einsatzes biologischer Waffen, durchaus kein realitätsfernes Gedankenexperiment sein muss, sondern vorstellbar geworden ist. Darauf kann, ja, muss ein militärisches Verteidigungsbündnis eingehen, und zwar auf allen Ebenen: der wissenschaftlichen, d. h. der Erforschung ihrer Wirkungsweise und möglicher Abwehrmittel; der politischen, d. h. der öffentlichen Behandlung des Themas in den Mitgliedstaaten und in den Gremien der Allianz; und der internationalen, d. h. der Erwägungen, ob ähnlich wie bei atomaren und chemischen Waffen ein internationales Kontrollregime vereinbart werden könnte, mit dem eine künftige Ausbreitung von Viren besser zu kontrollieren wäre.

Und so steht das Bündnis vor der Herausforderung, dass es den nichtmilitärischen Bedrohungen mehr Aufmerksamkeit und der Debatte über die Rolle der NATO in diesem Bereich mehr Ernsthaftigkeit wird schenken müssen. Aber der Krieg in Europa zwingt gleichzeitig dazu, dass die NATO die akuten militär- und geostrategischen Herausforderungen annehmen kann, dass sie „kriegstüchtig" sein muss, wie sich Bundesverteidigungsminister Boris Pistorius in Bezug auf die Bundeswehr äußerte. Dafür ist das Militärbündnis, dafür ist die Bundeswehr da. Und so wird die Allianz mehr als zuvor in Debatten über das Verhältnis von Sicherheit und Verteidigung einbezogen werden, ja diese aktiv führen müssen. Dazu müssen die Mitgliedstaaten sie in die Lage versetzen.

Eine weitere Ausdehnung möglicher Tätigkeitsfelder der NATO aber wird ihrer Kohärenz nicht dienlich sein, sondern das Potenzial der Divergenzen unter den Mitgliedstaaten, ja auch widersprüchlicher Interessen, vergrößern. Stattdessen wird sie sich verstärkt ihrer Kernkompetenz als militärische Verteidigungsallianz zuwenden müssen. Das wird auch den Stress verringern, den ihre vielfältigen Divergenzen in der umfänglichen Sicherheitsagenda für die Handlungsfähigkeit des Bündnisses bedeuten. Damit wird sich aber zugleich das Verhältnis zwischen NATO und ihren Mitgliedstaaten verändern müssen. Nicht alles, was sicherheitsrelevant ist, wird Aufgabe der NATO sein können; aber sie wird den weiteren Kontext nicht ausblenden dürfen. Dies werden die Mitgliedstaaten zulassen, es wahrscheinlich organisieren und in den Strukturen der Allianz abbilden müssen, etwa durch neue Formate der Zusammenarbeit, auch mit nichtstaatlichen Akteuren. Doch wird das gelingen?

Hinzu kommt nach zwei Jahren Krieg Russlands gegen die Ukraine und demonstrativer Unterstützung der Ukraine durch die NATO, dass eine weitere Ausdehnung des NATO-Territoriums, d. h. die Aufnahme einer befreiten Ukraine und dann wohl auch Moldawiens, das zwischen der Ukraine und Rumänien eingebettet ist, erfolgen muss. Dies wird, gerade angesichts der jüngsten Kriegserfahrungen dieser Länder, den Charakter des Bündnisses weiter verändern. Aber hat die NATO wirklich noch die Wahl, die von den meisten – nicht allen – Mitgliedstaaten gegebene politische Zusage zur Aufnahme etwa an die Ukraine zurückzunehmen?

Die Verwandlung der NATO in etwas anderes hat erst begonnen. Sie ist nicht aufzuhalten. Und sie folgt keinem Drehbuch, keiner durchdachten Strategie, sondern den notwendigen Anpassungen an eine Wirklichkeit, die derzeit von anderen, nicht an Frieden und Demokratie interessierten Mächten geprägt wird. Dem müssen die politisch Verantwortlichen der NATO den Nachweis ihrer gemeinsamen Handlungsfähigkeit entgegensetzen, dürfen die Gestaltung der Zukunft nicht den Anti-Demokraten überlassen. Und: Sie müssen es gestalten. Sie dürfen nicht Getriebene sein.

Die NATO sollte sich darauf konzentrieren, was sie gut kann und worauf sie eingerichtet ist: die Sicherheit vor bewaffneten Angriffen auf ihre Mitgliedstaaten garantieren. Dann wird sie weiter erfolgreich sein. Für alle anderen sicherheitspolitisch relevanten Politikfelder sollten die Mitgliedstaaten andere Formate entwickeln, in denen sie ihre Zusammenarbeit optimieren können, ohne Gefahr zu laufen, das Bündnis zu überfordern und damit dessen Handlungsfähigkeit und Glaubwürdigkeit in Zweifel zu ziehen. Das gilt insbesondere für die Gestaltung eines soliden Verhältnisses zwischen NATO und EU, der die meisten der europäischen NATO-Mitglieder angehören. Aber dazu wird es nötig sein, dass auch die EU als aktionsfähiger Partner in einem solchen Verhältnis zur Verfügung stehen kann. Das ist zurzeit noch nicht der Fall.

3.4 EU – KRISEN- UND HANDLUNGSFÄHIGKEIT ODER ZERFALL?

Aus den beschriebenen Entwicklungen ist auch für die EU die Notwendigkeit erwachsen, sich für eine Rolle als internationaler Akteur neu auszurichten. Dabei betritt sie Neuland, denn einerseits verfügt sie zwar über einige, wenn auch begrenzte Zuständigkeiten und Instrumente, die die Gestaltung von Außen- und Sicherheitspolitik betreffen, andererseits befindet sich die gesamte internationale Ordnung in einem tiefen Umbruch – und zwar schon seit Jahren.

Vor allem aber hat die Coronapandemie die hieraus erwachsenden neuen Herausforderungen an internationale Kooperation erhöht und damit den Druck auf die EU und ihre Mitgliedstaaten verstärkt, den Prozess einer Transformation der Union hin zu umfassender internationaler Handlungsfähigkeit und damit auch zu Krisenfähigkeit zu beschleunigen.

Auf dem Weg zu einer politischen Union?

Die EU verfügt auf dem Gebiet der internationalen Zusammenarbeit durchaus über Zuständigkeiten, die ihr von den Mitgliedstaaten übertragen worden sind. Das gilt in erster Linie für die Handelspolitik und das Wettbewerbsrecht, die in der ausschließlichen Zuständigkeit der EU liegen, aber auch für den Bereich der Entwicklungszusammenarbeit, die sie mit den Mitgliedstaaten teilt. Nun hat schon die Pandemie noch einmal sehr deutlich gemacht, wie eng unsere europäischen Wirtschaften inzwischen miteinander verwoben sind; sie hat auch das Ausmaß der Globalisierung offenbart, in die die europäischen Wirtschaften eingebunden sind und nach der sie die Produktions- und Lieferketten von Gütern unterschiedlichster Art weltweit ausgerichtet haben.

Und so stellten die Europäer (und auch andere) fest, wie sehr sie bei gewissen Produkten oder Vorprodukten, die etwa für die Gesundheit oder für die Kommunikation relevant sind, von einem oder zwei Produzenten abhängig geworden waren, die meist in China oder Indien (in Bezug auf Gesundheit) zu Hause waren. Ausgerechnet in China, wo die Pandemie ihren Ausgang nahm und wo ein autoritäres staatsmonopolistisches Regime alles, auch das Handeln mit sensitiven Gütern, seinem Führungsanspruch unterordnet. Das macht unabhängige Kontrollen der Qualität von Produkten, aber auch der Beschaffungsverfahren unmöglich, insbesondere in einer Phase höchster Dringlichkeit wie bei der Versorgung mit Gesundheitsprodukten in Zeiten der Pandemie.

Das Bewusstsein in Europa für diese Abhängigkeiten verstärkte sich noch einmal mit dem Angriffskrieg Russlands auf die Ukraine, als auch die einseitige Abhängigkeit europäischer Staaten von Energielieferanten, vor allem von der Lieferung russischen Gases, in geringerem Maße auch von Öl, offenbar wurde. Die wirtschaftlichen Sanktionen, mit denen die EU den Angreifer Russland schnell belegte, um Moskau zum Abbruch seiner völkerrechtswidrigen „militärischen Spezialoperation" zu bewegen, hatten auch eine dramatische Unterbrechung der Energiezufuhr aus Russland zur Folge. Aus dieser Verknappung folgte binnen kürzester Zeit eine drastische Verteuerung der Energie mit entsprechenden Auswirkungen auf die gesamte Wirtschaft Europas. Kurzfristig verfünffachte sich die Inflation, sodass auch die Staaten der EU unmittelbar von dem Krieg betroffen waren – und noch sind.

Deshalb zeichnen sich vor allem drei Entwicklungen ab, die die Rolle der EU und damit auch die Statik der Macht bzw. Verantwortlichkeiten innerhalb der Union verändern werden. Zum einen kündigte die EU-Kommission im Zusammenhang mit der ökonomischen Bewältigung der Coronapandemie eine „Überprüfung der Handelspolitik" an, und zwar im Sinne einer „offenen strategischen Autonomie". Die Zeit, in der die Handelspolitik der EU vor allem auf den Abbau von Zöllen und nicht tarifären Handelshemmnissen im Welthandel sowie möglichst freiem Kapitalverkehr ausgerichtet war, ist vorbei. Nun soll es darum gehen, ein „neues System einer globalen wirtschaftspolitischen Steuerung" zu errichten und die EU dabei vor „unfairen und missbräuchlichen Praktiken" zu schützen. Außerdem soll sie in die Lage versetzt werden, „die globalen Lieferketten zu diversifizieren und zu konsolidieren." Dies werde auch die internationale Bedeutung des Euro stärken. In diesem Sinne soll sich die EU auch für eine Reform der Welthandelsorganisation (WTO) einsetzen.

So schlüssig sich diese Vorschläge aus der Analyse der während der Pandemie aufgetretenen Schwächen ergeben, so offen bleibt die Frage, wie sie sich umsetzen lassen. Einerseits ist die Kommission für die Handelspolitik der EU zuständig und verhandelt allein über entsprechende Abkommen mit Drittstaaten. Andererseits bedarf sie dafür auch immer eines Mandats, das ihr die Mitgliedstaaten ausstellen. Was aber unter einer „globalen wirtschaftspolitischen Steuerung" zu verstehen wäre, zu der die Überprüfung der Handelspolitik führen soll, dürfte unter den Regierungen der EU-Mitglieder keineswegs ausgemacht sein. Es wird also darauf ankommen, dass die Kommission ein zugleich ambitiöses, aber auch konsensfähiges Konzept formuliert, das in jedem Fall die Tendenz enthalten muss, ihre eigene Handlungsfähigkeit – also die Zuständigkeit – bei der Reform des Welthandelssystems zu stärken, wenn vermieden werden soll, dass so potente Handelsnationen wie Deutschland, Frankreich oder Italien verstärkt ihre jeweils eigenen nationalen Interessen in den Vordergrund stellen und in Konkurrenz zueinander treten.

Es ist zwar nicht die Rolle der Staaten oder der EU, selbst Handel zu treiben (sie stellt vielmehr die Regeln auf, nach denen Handel betrieben werden kann), aber da kommt es schon darauf an, ob es den Europäern auch weiterhin gelingt, Regeln zu setzen, die für den Handel mit der gesamten EU (einem der größten und wichtigsten Binnenmärkte der Erde) gelten, oder ob die Suche nach nationalen Sonderkonditionen auf der Tagesordnung steht; Konditionen, die für andere Wirtschaftsgroßmächte attraktiv erscheinen könnten, um den Zusammenhalt der EU zu schwächen und so Einfluss auf die Handelspolitik der EU zu nehmen.

Die von der Kommission am 14. Juli 2021 vorgestellten Gesetzesvorhaben zur Umsetzung des „European Green Deal", also der Transformation der europäischen Wirtschaft zu einer modernen digitalen und klimaneutralen Wirtschaftsweise, folgen demselben Anspruch: ambitiöse Regeln auch für den internationalen Handelsverkehr setzen, um Strukturen modernen Wirtschaftens zu ermöglichen und dabei die europäische Wettbewerbsfähigkeit, aber zugleich auch Umweltverträglichkeit und den Respekt sozialer und rechtsstaatlicher Grundsätze zu gewährleisten.

Dazu kann sich die EU nicht nur auf ihre Kompetenzen im Bereich der Handelspolitik, sondern auch in der Wettbewerbspolitik stützen, wo sich ebenfalls eine Entwicklung zur Stärkung der internationalen Handlungsfähigkeit der EU abzeichnet. Auch in diesem Bereich hat die EU-Kommission weitreichende Änderungen angekündigt, die die Haltung der EU auch im Welthandel erheblich verändern werden. Zu der angestrebten „offenen strategischen Autonomie" der EU gehört nämlich auch zu verhindern, dass „staatliche Beihilfe aus Drittländern", etwa aus China oder anderen staatlich gelenkten Wirtschaften, die Wettbewerbsbedingungen auf dem Binnenmarkt gefährden. Dies beinhaltet, dass ausländische Direktinvestitionen, etwa in „strategische Vermögenswerte, Infrastruktur und Technologien", stärker überprüft werden sollen, wenn sie die „Sicherheit oder öffentliche Ordnung gefährden könnten". Auch diese Vorschläge haben das Potenzial, innerhalb der EU noch zu Auseinandersetzungen zu führen, die aber auszuhalten sein werden. Vor allem aber werden sie auf die geopolitische Position der EU einwirken, die zu entwickeln nicht leicht fällt.

Schließlich war die Kommission im Rahmen ihrer globalen Zusammenarbeit mit den UN und ihrer Weltgesundheitsorganisation (WHO) und anderen internationalen Organisationen noch während der Pandemie auch zu dem Schluss gekommen, dass sich die EU langfristig „nur dann erfolgreich (wird) erholen können, wenn sich auch unsere Partner weltweit erholen". Dazu hatte sie im Rahmen des Programms „Team Europe" eine große Mobilisierungskampagne zur Unterstützung der Partnerländer gestartet und eine deutliche Verstärkung der EU-Instrumente für humanitäre Hilfe und Entwicklungszusammenarbeit gefordert. Auf diese Weise wird sie, wenn sie es gut anstellt, das Ansehen der EU in der Welt und damit auch ihren Einfluss auf das Weltgeschehen erhöhen können.

Auf allen drei Feldern – der Handelspolitik, der Wettbewerbspolitik und der Entwicklungspolitik – legen die Lehren aus der Pandemiebekämpfung nahe, dass die EU auch in ihrem auswärtigen Handeln die Grenzen der rein ökonomisch definierten Zuständigkeiten überschreiten und sich in den Bereich des geopolitischen Handelns bewegen wird. In einer Zeit, in der besonders die rivalisierenden Großmächte USA und China (wenn es kann, auch Russland) Handel und Direktinvestitionen als Mittel von Machtausdehnung nutzen (Ex-US-Präsident Trump: „Handelskriege sind leicht zu gewinnen"), kann auch die EU-Handelspolitik nicht länger als rein kommerzielle Veranstaltung betrieben werden.

Dies wird unter anderem aus dem Ergebnis des Gipfeltreffens zwischen der EU und den USA deutlich, das am 15. Juni 2021 in Brüssel stattfand. Dort hat die gemeinsame Sorge um die Herstellung und die Lieferketten für Covid-19-Produkte ebenso Eingang in ein Konzept für eine neue transatlantische Partnerschaft gefunden wie die Kooperation bei der Versorgungssicherheit in der EU und den USA für Halbleiter oder ein Dialog über „technologiebezogene Wettbewerbspolitik".

Diese Kooperation, die nach den Jahren des massiv gestörten transatlantischen Verhältnisses während der Präsidentschaft von

Donald Trump wieder aufzubauen ist, fügt sich im Übrigen ein in den aktuellen geopolitischen Wettbewerb zwischen den USA und China. Darin wollen sich EU und USA „bei der gesamten Bandbreite der China betreffenden Fragen, einschließlich der Aspekte Zusammenarbeit, Wettbewerb und systemische Rivalität, genau absprechen und eng zusammenarbeiten". Auch zur Frage ihres Verhältnisses zu Russland wollen EU und USA einen „hochrangigen Dialog" führen, „um ihre diesbezüglichen politischen Strategien und Maßnahmen abzustimmen".

So wächst der Druck auf eine Neuorientierung der EU-Politik, insbesondere bei dem Anspruch, als geopolitischer Akteur an der Seite, aber nicht automatisch unter Führung der USA für die Interessen Europas zu streiten. Und so begann die EU – mit der Gesundheitskrise auch fast zwangsläufig –, den Blick auf ihre Außen- und Sicherheitspolitik zu verändern. Das transatlantische Verhältnis, das nicht nur für die Sicherheit Europas fundamentale Bedeutung hat, ist eben immer eng mit der NATO verknüpft. Und das Verhältnis zwischen der EU und der NATO ist und bleibt kompliziert, delikat, konfliktträchtig, obgleich nicht nur interessen-, sondern auch wertebasiert.

Auf diesem Feld steht die EU nun vor der Herausforderung, aus ihrem im März 2022 verabschiedeten „Strategischen Kompass" einen Handlungsrahmen für praktische Politik zu machen und Wege zu finden, um ihre geopolitische Handlungsfähigkeit zu stärken. Unabhängig davon, aber zur gleichen Zeit, hat auch die NATO ihr Strategisches Konzept erneuert. In diesem Zusammenhang rückt also auch das Verhältnis zwischen EU und NATO noch stärker als zuvor in den Fokus der Aufmerksamkeit.

Wenn die in förmlichen Abschlussdokumenten niedergelegten Bekenntnisse der EU und der USA zu enger Abstimmung und

Zusammenarbeit im Umgang mit den gemeinsamen „systemischen Gegnern" und geostrategischen Konkurrenten ernst gemeint sind, werden die EU-Mitgliedstaaten auch einen Weg finden müssen, wie sie ihrem Staatenbund (der EU) die Kraft für eine einzige, ernst zu nehmende Stimme in der Weltpolitik geben können und wollen. Und sie werden ein belastbares Verfahren entwickeln müssen, wie sich diese Stimme dann mit der Stimme der NATO, der USA, des „Westens" schlechthin koordinieren lässt. Solche Abstimmungen dürfen nicht dem Zufall oder dem guten Willen einzelner Handelnder überlassen bleiben.

Auch wenn die Mitgliedstaaten von NATO und EU weitgehend identisch sind, so sind die Organisationen doch sehr verschieden, mit unterschiedlichen Strukturen und Aufgaben. Die EU ist ein Staatenbund mit eigenständigen, supranationalen Kompetenzen im Bereich von Wirtschaft und Handel, die ihn zwangsläufig zu einem geopolitischen Akteur machen. Die NATO dagegen ist ein Militärbündnis souveräner Staaten, das ausschließlich nach dem Konsensprinzip funktioniert. Zwischen internationalem ökonomischen Handeln einerseits und militärischer Sicherheit andererseits lässt sich aber nicht mehr so klar unterscheiden, wie das noch bis vor Kurzem von vielen EU-Staaten – auch von Deutschland – praktiziert wurde. Sowohl die Pandemie als auch der Krieg Russlands gegen die Ukraine und der Krieg im Gazastreifen mit seinen Auswirkungen bis ins Rote Meer zeigen, dass diese Politikbereiche immer mehr verzahnt sind. Dem muss eine Aufgabenteilung zwischen EU und NATO Rechnung tragen. „De-Coupling" oder „De-Risking" in Bezug auf China, die zweitgrößte Wirtschaftsmacht der Welt, ist sowohl von handelspolitischem als auch von sicherheitspolitischem Belang für Europa. Daraus ergeben sich auch neue Möglichkeiten für eine Verzahnung von EU und NATO.

Gesundheitsunion als Zwischenschritt?

Schon die Coronapandemie hatte den Handlungsdruck auf die EU und ihre Mitgliedstaaten in unvorhergesehener Weise plötzlich erhöht. Zunächst ist festzuhalten, dass Gesundheitspolitik auch in der EU nicht zu den Kernaufgaben gehört, die Bewältigung der Coronapandemie also nicht wirklich eine Angelegenheit der EU war. Die derzeit gültige „Verfassung" der EU, die Verträge von Lissabon, sieht lediglich eine „geteilte Zuständigkeit" von EU und Mitgliedstaaten für „Sicherheitsanliegen im Bereich öffentlicher Gesundheit" sowie für Forschung und andere Förderprogramme vor. Darüber hinaus erlauben die Verträge der EU nur, eine Rolle bei der Unterstützung, Koordinierung und Ergänzung nationaler Maßnahmen „zum Schutz und zur Verbesserung menschlicher Gesundheit" zu spielen. Etwas konkreter wird der „Vertrag über die Arbeitsweise der EU" in Art. 168, wo der EU die Aufgabe zugewiesen wird, die Zusammenarbeit der Mitgliedstaaten vor allem auf folgendem Gebiet zu fördern: bei der „Erforschung von Ursachen, Übertragung und Verbreitung schwerer Krankheiten", bei der Information über Gesundheitsrisiken und Gesundheitserziehung sowie bei „schwerwiegenden grenzüberschreitenden Gesundheitsgefahren".

Wohlgemerkt, die EU soll nicht selbst tätig werden können, sondern die Zusammenarbeit der Mitgliedstaaten koordinieren helfen. Nur für die Qualitäts- und Sicherheitsstandards bei der Vermarktung von Arzneimitteln und anderen Medizinprodukten in der EU, für die binnenmarktrelevanten Aspekte des Gesundheitswesens also, ist sie zuständig. Eine „Harmonisierung der Rechtsvorschriften der Mitgliedstaaten" in diesem Bereich schließt der Vertrag ausdrücklich aus. Das öffentliche Gesundheitswesen ist und bleibt in der Verantwortung der EU-Mitgliedstaaten.

Aber die Aktivitäten der EU auf diesem Gebiet nahmen rasch breiten Raum im öffentlichen politischen Diskurs ein, denn sie gingen weit über die Fragen der Gesundheit und der Bekämpfung der Pandemie hinaus. Sie betrafen Fragen der Wirtschafts- und Währungspolitik, der Sozial- und der Innenpolitik, ja auch der Außenpolitik. Bei der Diskussion über die Rolle der EU in dieser Pandemie ging es also auch um die EU selbst, um ihre Handlungsfähigkeit, jetzt und in Zukunft. Die Pandemie legte dabei offen, wie allumfassend eine sich weltweit ausbreitende Seuche auf unsere Gesellschaften wirkt. Und das gilt eben nicht nur für das Funktionieren unserer offenen und demokratischen Gemeinwesen in ihrem Innern, sondern auch für das internationale System in einer interdependenten Welt und erst recht für die zum großen Teil supranational strukturierte Europäische Union, deren integraler Bestandteil auch Deutschland ist.

Im Kern ging es bei dieser Diskussion im Kontext der EU um die Folgen der Pandemie für eine im internationalen Zusammenhang einmalig dichte Verflechtung von nationalen Verantwortlichkeiten einerseits, die regelmäßig über die jeweils eigene Nation hinausgehen, mit gemeinsamen, supranational organisierten Zuständigkeiten von Regierenden in Brüssel und in den nationalen Hauptstädten andererseits, die aufzuteilen sind. Es ging um die Bedeutung und Tragweite europäischer Solidarität in dem bisher beispiellosen Fall einer pandemischen Krise, die nicht nur alle Mitgliedstaaten zugleich betraf, sondern die gesamte Menschheit.

Damit war die EU auf zweierlei Weise herausgefordert: Zum einen wurde ihre interne Handlungsfähigkeit auf die Probe gestellt. Sie musste unter Beweis stellen, dass sie in dieser Krisenlage für die Nationen des europäischen Staatenbunds von Nutzen war; dass die Nationen es nicht besser allein schafften, wie viele Verantwortliche zu Beginn der Krise glaubten, weil sie doch, vielleicht einem natürlichen Reflex folgend, zuerst ihre Verpflichtung gegenüber den Angehörigen der eigenen Nation sahen. Indem sie in dieser Situation ihren Nutzen unter Beweis stellte, konnte die EU zugleich Optionen für eine Stärkung ihrer Handlungsfähigkeit entwickeln. Denn sie ist nicht nur ein für konkretes politisches Handeln gebildeter Staatenbund, sondern zugleich ein Integrationsprozess, der noch nicht abgeschlossen, sondern darauf ausgelegt ist, eine „immer engere Union der Völker Europas" zu schaffen.

Zum anderen war die Union durch die Pandemie als internationaler Akteur gefordert, denn die Bekämpfung der Seuche konnte nur gelingen, wenn sie weltweit erfolgte. Insoweit stand auch die Handlungsfähigkeit der EU im auswärtigen Handeln auf dem Prüfstand, denn auf dem internationalen Parkett sind, wie im Gesundheitswesen, zunächst die einzelnen Mitgliedstaaten die entscheidenden Akteure.

Schließlich löste die Notwendigkeit zur Bewältigung der Gesundheitskrise im Rahmen der EU Reformschritte aus, an die sie jetzt, bei der Bewältigung weiterer Herausforderungen wie der gesicherten Energieversorgung oder der Verringerung von Abhängigkeiten (s. o.) anknüpfen kann. Die Frage nach der praktischen Bedeutung des Begriffs „Solidarität" in der EU lag auf dem Tisch. Und das war keine banale Frage, keine Frage mehr bloß politischer Rhetorik. Es war nicht nur ein wohlklingendes Bekenntnis zur Solidarität gefragt. Solidarität bzw. ihr Fehlen war plötzlich von akuter Bedeutung für die Menschen in allen Mitgliedstaaten, für die verantwortlichen Regierungen und damit auch für die Union insgesamt. Nicht nur, weil anfangs gemeinschaftliche Regeln infrage gestellt, auch gebrochen wurden (etwa Exportverbote von Masken von einem EU-Land in ein anderes), sondern auch weil in den ersten Wochen längst gelebte Integration in den Grenzgebieten (vor allem im deutsch-französischen Grenzgebiet) zum Teil auf brutale Weise unterbrochen und für selbstverständlich erachtete Solidarität verweigert wurde. Als Beispiel sei nur daran erinnert, dass zum Beispiel Menschen, die im Saarland wohnten, aber in Frankreich arbeiteten oder umgekehrt, oftmals gerade auf der anderen Straßenseite, nach der pandemiebedingten Schließung der Grenzen den Weg von der Wohnung zum Arbeitsplatz nicht mehr zurücklegen konnten. Sie konnten also ihrem Beruf – und damit ihrem Gelderwerb – nicht mehr nachgehen.

Wären die EU-Organe nicht tätig geworden und hätten die Mitgliedstaaten ihre rein nationalen Maßnahmen zur Krisenreaktion fortgesetzt, wäre die EU insgesamt in Gefahr geraten, an kurzfristig durchgesetzten nationalen Maßnahmen zu zerbrechen oder doch erheblichen Schaden zu nehmen. Es wurde deutlich, dass tatsächliche Solidarität unter Mitgliedstaaten ein grundlegendes Element der Europäischen Union ist und nicht nur schmuckes Beiwerk, auf das im Krisenfall verzichtet werden kann. Diese Erkenntnis bricht sich nun angesichts der vielfältigen Krisen, denen die Europäer ausgesetzt sind, in besonderer Weise Bahn.

Der Krieg in der Ukraine hat noch einmal das Problem der Migrationspolitik in Europa verschärft. Außerdem erfordert die angestrebte Dekarbonisierung der Wirtschaft ein besseres Zusammenwirken in der Energiepolitik. Und die mit beidem, dem Krieg und der Transformation der Energieversorgung, zusammenhängende Inflation macht ein Umdenken in der gemeinsamen Wirtschafts- und Währungspolitik notwendig. Während der Pandemie wurde schon bald deutlich, dass selbst die „großen" Mitgliedstaaten, die über ausreichend personelle und finanzielle Mittel verfügen, um ihre eigene Bevölkerung zu schützen, ein gemeinsames

Vorgehen der EU vorzogen. Die damalige Bundeskanzlerin Angela Merkel hat es so formuliert: „Richtig ist und bleibt im Übrigen die Entscheidung, die Impfstoffe in Europa gemeinsam zu beschaffen; ich will das hier noch einmal betonen. Alles andere hätte vielleicht kurzzeitig einigen Mitgliedstaaten Vorteile verschafft, das Leben in einem gemeinsamen Binnenmarkt aber empfindlich gestört", möglicherweise zerstört, hätte sie sagen können, wenn sie nicht diplomatisch klug hätte formulieren wollen. Es wurde deutlich: Kurzfristige nationale Vorteile sind eine Gefahr für den gemeinsamen Binnenmarkt und damit für die EU insgesamt.

Auf welch dünnem Eis sich die EU damals vor den Herausforderungen dieser Pandemie befand, wird sowohl aus dem Text der Impfstrategie klar, den die EU-Kommission am 17. Juni 2020 vorlegte, als auch aus ihren Vorschlägen für die „Schaffung einer europäischen Gesundheitsunion" vom 11. November 2020. Dort führt die Kommission akribisch auf, was in der Bewältigung der Coronakrise alles nicht funktioniert hat und wie unvorbereitet sie, aber auch die Mitgliedstaaten, sich dieser Situation zu stellen hatten. Und sie nutzte diese Gelegenheit, um konkrete Vorschläge für eine „aktivere Rolle der EU beim Schutz ihrer (der Bürger, d. A.) Gesundheit, insbesondere beim Schutz vor grenzübergreifenden Gesundheitsgefahren" vorzulegen und sie in die Diskussionen über in der „Konferenz über die Zukunft Europas" einzubetten, in der dann seit dem Frühjahr 2021 die Anregungen und Erwartungen der Menschen in der gesamten Union für die weitere Entwicklung Europas gesammelt und diskutiert wurden. Es ging der Kommission also nicht nur um eine Verbesserung der Verfahren bei der Bewältigung der Coronapandemie, ihr Anliegen war es von Anfang an auch, bei künftigen Gesundheitskrisen auf Ebene der EU schnell und effizient handlungsfähig zu sein. Es ging also darum, ihr die dazu für notwendig erachteten Kompetenzen zu erteilen, die dann für vergleichbare Katastrophen ebenfalls greifen.

Ausdrücklich bezeichnete die Kommission ihre Vorschläge deshalb auch als „erste Vorschläge im Rahmen der geltenden Vertragsbestimmungen", als „Grundgerüst der Europäischen Gesundheitsunion". Weitere sollten folgen. In mindestens drei Bereichen müssten die Mitgliedstaaten der EU, vorzugsweise der EU-Kommission, zusätzliche Kompetenzen einräumen. Die Aktivitäten der EU zur Unterstützung der Mitgliedstaaten bei der Koordinierung gesundheitspolitischer Maßnahmen bestehen vor allem im Austausch von Informationen und Beratungen über gegenseitige Unterstützung. Eine effektive Koordinierung setzt aber voraus, dass die einschlägigen Informationen, im Gesundheitswesen meist sehr komplexe und sensible Informationen, miteinander vergleichbar und sektorübergreifend aufgebaut sind, sodass auch Aspekte des Katastrophenschutzes oder der Notfallvorsorge in Koordinierungsmaßnahmen auf EU-Ebene einbezogen werden können. Diese Informationen aber beruhen auf Vorgaben, die von Nation zu Nation unterschiedlich sind. In Deutschland allein sind ja im Wesentlichen die Bundesländer und nicht der Bund zuständig, sodass eine Vereinheitlichung der Datenbasis für gesundheitspolitische Informationen zur Koordinierung auf EU-Ebene kompliziert werden dürfte. Es sei denn, die EU, möglicherweise auch eine EU-Agentur, an der die (oder eine Gruppe von dazu bereiten) Mitgliedstaaten beteiligt sind, erhielte die Zuständigkeit für die Festlegung gemeinsamer verbindlicher Datenregeln. In der Covid-19-Pandemie hat sich nämlich gezeigt, dass es nicht reicht, sich die Vorsorge- und Reaktionsplanungen der Mitgliedstaaten anzuschauen, wenn diese nicht anhand EU-weit einheitlicher Kriterien vergleichbar sind, weil es keine gemeinsamen Mindeststandards und Basisindikatoren gibt. Dieses Prinzip einer zu vereinheitlichenden Datenbasis gilt natürlich auch für andere Politikbereiche, in denen die EU handlungsfähig sein soll.

In einem zweiten Schritt müssten sich die Mitgliedstaaten dazu verpflichten, die „Empfehlungen" genannten Ergebnisse von Beratungsgremien, im Falle der Pandemie war dies der Gesundheitssicherheitsausschuss, gebildet aus Vertretern der Kommission und der Mitgliedstaaten, auch tatsächlich umzusetzen. Die Einrichtung eines EU-Auditverfahrens der nationalen Kapazitäten, das von der Kommission geleitet würde, soll helfen, Vorschläge zur Behebung festgestellter Defizite zu machen, sodass „die finanzielle Förderung aus dem künftigen Programm EU4Health sowie den Strukturfonds und der Forschungs- und Innovationsförderung im Rahmen von ‚Horizont Europa' sichergestellt wird". Damit ist die Frage der Kontrolle bzw. Sanktionen im Falle der Nichtbefolgung der Vorschläge auf dem Tisch. Finanzielle Förderung aus EU-Fonds würde von der Behebung im Audit-Verfahren festgestellter Defizite abhängig gemacht werden können.

Schließlich, so lautet der Vorschlag der Kommission, sollten die verschiedenen Ad-hoc-Strukturen, die in der Pandemie-Notlage auf EU-Ebene geschaffen wurden, um rasch und einheitlich reagieren zu können, zu ständigen Strukturen unter einem gemeinschaftlichen Dach werden. Das wäre freilich nur dann sinnvoll, wenn diese personell zu verstärkenden Agenturen auch ein Mandat, d. h. die Kompetenz, erhielten, selbstständig tätig werden zu können.

Es ist fraglich, ob diese von der Kommission vorgeschlagenen Maßnahmen zur Verbesserung der Handlungsfähigkeit im Gesundheitswesen womöglich einfach per Ratsbeschluss beschlossen werden können, eine diesbezügliche Vertragsänderung also nicht notwendig wäre. Sie würden doch erheblich in die Zuständigkeiten der nationalen Gesundheitsbehörden eingreifen, die dann an EU-weit verbindliche Vorgaben gebunden würden. Die Erfahrungen der EU aus der Bewältigung der Coronapandemie und die daraus von der EU-Kommission gezogenen Schlüsse, die zu ihren Vorschlägen für eine „Europäische Gesundheitsunion" führten, stellen die Union und ihre Mitgliedstaaten also vor die Frage, ob nicht eine Vertragsänderung notwendig sein könnte, um die gewünschten Lehren zu ziehen. Da ist es nur logisch, dass die Kommission ihre Vorschläge ausdrücklich in einen unmittelbaren Zusammenhang zur „Konferenz über die Zukunft Europas" gestellt hat. Bei der praktischen Frage, was Solidarität in einem speziellen Fall bedeutet, wird also auch über den weiteren Verlauf der europäischen Integration gestritten werden müssen.

Die Schaffung einer Europäischen Gesundheitsunion, wie von der Kommission als Schlussfolgerung aus den Erfahrungen mit der Coronapandemie gefordert, behöbe also nicht nur die in dieser Krisenzeit offenbar gewordenen Schwächen und würde nicht nur der besseren Vorbereitung auf die nächste Pandemie dienen, sie griffe auch tendenziell in das vielschichtige Kompetenzgefüge der Europäischen Union ein und würde dieses verändern. So könnte die Gesundheitskrise der Jahre 2020/2021 zum Auslöser oder zum Beschleuniger einer Neuausrichtung der Europäischen Union werden.

Zweifel an der Kohäsion der EU und an einer gemeinsamen Orientierung für die Zukunft waren ja schon vor Ausbruch der Pandemie gewachsen. Und die Kommission unter Ursula von der Leyen war mit ihren Vorschlägen zu einem „European Green Deal" angetreten, um mit einer Ausrichtung der EU-Wirtschaft auf eine ökologisch nachhaltige Zukunft auch der Idee der europäischen Integration neuen Elan zu verpassen. Die Forderung nach einer

„Refondation de l'Europe" („Neugründung Europas' – Macron) stand dabei ebenso im Raum wie die Mahnungen aus Berlin zur Mäßigung und Warnungen vor Vertragsänderungen, die niemals durchsetzbar seien.

Doch die Pandemie hat auch verdeutlicht, dass die Mitgliedstaaten der EU nicht nur zu einem eng verwobenen Wirtschaftsraum zusammengewachsen sind, sondern – vor allem in den jeweiligen Grenzgebieten – inzwischen oft auch gesellschaftlich so eng verflochten sind, dass zum Beispiel die Schließung der Grenzen während der Pandemie nicht nur den Güterverkehr in erhebliche Schwierigkeiten brachte, sondern auch Enttäuschung, Empörung, ja Wut unter den betroffenen Bürgern auf beiden Seiten der Grenze hervorrief. Der damalige französische Abgeordnete Christophe Arend aus Lothringen, erster Co-Vorsitzender der Deutsch-Französischen Parlamentarischen Versammlung, verdeutlichte diese Erfahrungen mit folgender Rechnung: Wenn man all die Menschen zusammenzählt, die in einem Streifen von zehn Kilometern beiderseits einer gemeinsamen Grenze innerhalb der EU leben, die also tagtägliche grenzüberschreitende Wirklichkeit leben, käme man auf ca. 140 Millionen Menschen, etwa ein Drittel der EU-Einwohnerschaft. Die Gesundheitskrise machte eben auch deutlich, dass es das gelebte Europa wirklich gibt, insbesondere in den Grenzgebieten, und dass dies keine Kleinigkeit ist.

Die Pandemie hat also nicht nur die Schwächen Europas, sondern auch die Stärke des gelebten Europas sichtbar gemacht. Und insoweit ist es logisch, dass das von der Kommission vorgeschlagene „EU4Health"-Programm zur Finanzierung von Maßnahmen zur Stärkung der Gesundheitssicherheit und zur Vorbereitung auf künftige Gesundheitskrisen („im Rahmen der geltenden Vertragsbestimmungen") auch Teil des umfassenden, langfristig angelegten

„Next Generation EU"-Programms ist, das wiederum Teil der massiven EU-Programme für den wirtschaftlichen Wiederaufbau nach dem Ende der Pandemie ist.

Nächste Etappe: Transferunion?

Pandemiebedingte Einschränkungen der Bewegungsfreiheit in allen Ländern und zwischen Ländern zur Vermeidung von Infektionen mit Covid-19, Schließungen von Betrieben und Geschäften sowie Beherbergungs- und Veranstaltungsverbote haben in der gesamten EU immense wirtschaftliche Schäden verursacht. Im Jahr 2020 ging das Bruttoinlandsprodukts (BIP) in der EU insgesamt um durchschnittlich über sieben Prozent zurück. Die Wirtschaft erholte sich auch danach nur zögerlich; 2023 noch blieb die Wachstumsrate in der gesamten EU im Vergleich zum Vorjahr unter ein Prozent. Dieser Einbruch der Wirtschaft kann in einem funktionierenden Binnenmarkt nur gemeinsam behoben werden. Er hat den massiven Einsatz staatlicher Unterstützungsleistungen erfordert, für die die bisher vereinbarten Regeln öffentlicher Verschuldung in den Mitgliedstaaten der EU, besonders derer der Eurogruppe, außer Kraft gesetzt werden mussten und wurden. Verschuldungsgrenzen, auch verfassungsmäßig festgelegte wie etwa die Schuldenbremse in Deutschland, wurden deutlich übertreten, um Kapital für die Unterstützung einer Wirtschaft aufzunehmen, die kaum noch Erträge erwirtschaften konnte. Ganz zu schweigen von den immensen Kosten, die nun für das Gesundheitswesen aufzubringen waren.

Insofern war das Coronavirus auch Auslöser umfangreicher Eingriffe in Politikbereichen klassischer gemeinschaftlicher Kompetenzen der EU in der Wirtschafts- und Finanzpolitik. Man kann von einem wahren Paradigmenwechsel in der Funktionsweise der EU sprechen, der vorerst, so die Sprachregelung, „außergewöhnlich und einmalig" sein soll, sich aber durchaus als dauerhaft erweisen könnte, vielleicht sogar sollte. Obwohl sich die EU bereits seit der Eurokrise 2008/2009, spätestens aber seit dem Votum der Briten für den Austritt Großbritanniens aus der EU 2016 in einer Orientierungskrise befindet, gelangen ihr in dieser Gesundheitskrise mit ihren schwerwiegenden ökonomischen Folgen sehr schnell sehr weitreichende Maßnahmen, die ein Jahr zuvor schier unvorstellbar gewesen wären.

„Next Generation EU" etwa ist der mit 750 Milliarden Euro dotierte „Wiederaufbaufonds" der EU, der nun zu dem ordentlichen EU-Budget (Mehrjähriger Finanzrahmen 2021 bis 2027 in Höhe von knapp 1,1 Billionen €) hinzukam und für den die Kommission erstmals ermächtigt wurde, eigene Schulden aufzunehmen, für die die Gesamtheit der EU-Staaten gemeinsam haftet und die langfristig aus dem EU-Haushalt beglichen werden, um die am ärgsten von der Pandemie betroffenen Wirtschaften und Regionen der Mitgliedstaaten bei der Wiederbelebung zu unterstützen. Davon werden 390 Milliarden Euro als Zuschüsse vergeben, stellen also Transferleistungen dar, 360 Milliarden werden als Darlehen ausgegeben. Diese außergewöhnliche und – wie betont wird – einmalige Kreditaufnahme wird Ende 2024 beendet. Die Zurückzahlung aus dem EU-Haushalt ab 2027 bis 2058 wird unter anderem dadurch erleichtert, dass die EU weitere Eigeneinnahmen erheben und der Anteil der Eigeneinnahmen am Bruttoinlandsprodukt der Union von 1,0 Prozent auf 1,6 Prozent des gemeinsamen BIP steigen darf. Dazu kommen weitere erhebliche Finanzmittel aus einem Garantiefonds des „Europäischen Stabilitätsmechanismus" (ESM) für Mitgliedstaaten in finanziellen Schwierigkeiten, aus der Europäischen Investitionsbank (EIB) für kleine und mittlere Unternehmen sowie ein weiteres Anleiheprogramm der Europäischen Zentralbank (EZB). Und die Kommission bastelte aus bestehenden Haushaltsmitteln noch das Programm SURE in Höhe von etwa 100 Milliarden Euro, mit dem Mitgliedstaaten unterstützt werden sollen, die sonst keine Kurzarbeiterprogramme finanzieren können. Höchste Flexibilität also wurde praktiziert, versehen mit der Zusicherung, dass dies alles nur außergewöhnlich sei und einmalig vorkommen werde.

Mit ihren weitreichenden Beschlüssen zu einer gemeinschaftlichen Bewältigung der ökonomischen Folgen der Pandemie hat die EU aber gleich mehrere Tabus gebrochen, die bis dahin als heilig galten. Sie hat die strikten Verschuldungsgrenzen ausgesetzt, die bei der Schaffung der gemeinsamen Währung Euro vereinbart worden waren, um das Fehlen einer gemeinsamen Wirtschaftspolitik für den gesamten Währungsraum zu kompensieren, auf die sich die Teilnehmer der Währungsunion nicht einigen konnten – und immer noch nicht können. Die gemeinsame Ausrichtung auf die Einhaltung vereinbarter Rahmenbedingungen für die Währungsunion, der berühmten „Maastricht-Kriterien", sollte es den Mitgliedstaaten erlauben, weiterhin ihre eigene Wirtschaftspolitik zu betreiben, ohne die Grundlagen der Währungsunion zu gefährden.

Schon in der Eurokrise war die Schwäche dieser Konstruktion offenbar geworden – eine gemeinsame Währungspolitik ohne eine gemeinsame Wirtschaftspolitik zu betreiben und stattdessen nur die Einhaltung der Stabilitätskriterien in den Mitgliedstaaten einzufordern, dafür auch Hilfe zu gewähren, allerdings von Brüssel konditioniert und kontrolliert. Nun schürte die zeitweise Aussetzung dieser Stabilitätskriterien in Teilen der Union, darunter vor allem in Deutschland, die Befürchtung, dass es bei einer „flexibleren

Handhabung" dieser Kriterien auch nach Überwindung der Pandemie bleiben könne. Entsprechende Andeutungen aus Paris wurden noch mit höflichen Einwendungen sowie mit dem Hinweis darauf übergangen, dass diese Maßnahme ja „außergewöhnlich und einmalig" gewesen sei.

Dahinter steht der Kampfbegriff der „Transferunion", mit dem die eine Denkschule Deutschland davor bewahren will, allein für die Schulden der anderen aufkommen zu müssen. „Vorsicht! Transferunion!" wird hier als Warnsignal verstanden: „nicht weitergehen!" Tatsächlich, argumentiert die andere Denkschule, ist die EU seit Langem bereits eine Transferunion, vergleichbar mit dem Länderfinanzausgleich in der föderalen Bundesrepublik – obwohl bei diesem Vergleich übersehen wird, dass die EU eben kein Staat ist, sondern „nur" ein Staatenbund. Aber aus diversen Fonds im EU-Haushalt wurden immer schon Leistungen in benachteiligte Gebiete transferiert, um Lebensverhältnisse in der Union anzugleichen und ein Mindestmaß an Kohäsion des gemeinsamen Wirtschaftsgebietes zu ermöglichen: Aus dem Regionalfonds etwa oder auch dem Sozialfonds; und aus dem großen Agrarfonds ohnehin, da über ihn viel Geld in agrarisch geprägte Regionen und Staaten fließt.

Bei der Präsentation der viel gepriesenen „deutsch-französischen Initiative zum europäischen Wiederaufbau nach der Coronakrise" vom 18. Mai 2020, die dem Kommissionsvorschlag für „Next Generation EU" zugrunde lag, pries der französische Präsident Emmanuel Macron jedenfalls unwidersprochen in einer gemeinsamen Pressekonferenz mit Bundeskanzlerin Angela Merkel den gemeinsamen Vorschlag mit den Worten, mit dem Wiederaufbaufonds sollten „gezielte Finanzierungen für von der Pandemie besonders betroffene Sektoren oder Regionen" ermöglicht, und damit „echte Transfers akzeptiert werden, eine wahrhaft gemeinsame

Strategie zur Ergänzung unseres europäischen Budgets. Das ist eine wichtige Etappe". Gedanklich knüpfte der Präsident hier an seine ersten Vorschläge zur Reform der EU an, in denen er unter anderem ein Budget der Eurozone sowie die Einsetzung eines europäischen Finanzministers vorschlug, um mit diesem Geld eine kohärente zielgerichtete Modernisierungspolitik zu betreiben.

Begibt sich also die EU auf dem Umweg über die Pandemie-Krisenbekämpfung auf den von Macron und seinen Unterstützern vorgeschlagenen Weg der Erneuerung, dezent und leise unterstützt von Berlin, das vor der Krise explizite Stellungnahmen zu den Vorstößen aus Paris zur Weiterentwicklung der EU schuldig geblieben war? Einige Hinweise legen dies nahe. Die Einigung zwischen Paris und Berlin auf die erwähnte Aufbauinitiative hatte ja den Grundstein für die folgenden Vorschläge der Kommission für ihr Programm „Next Generation EU" gelegt, das dann in etwas abgeschwächter Form in einer mehrtägigen Sitzung vom Europäischen Rat einstimmig gebilligt wurde.

Berlin und Paris haben ihre Initiative so angelegt, dass sie gewaltige Finanzmittel nicht nur zur Bewältigung der dramatischen wirtschaftlichen Schäden und zum Wiederaufbau nach dem Ende der Pandemie ermöglichen. Ihr Konzept geht viel weiter und will die Chance für eine grundlegende Transformation der europäischen Wirtschaft und des europäischen Wirtschaftens nutzen. Es beruht auf vier Säulen: Ausgangspunkt ist natürlich die Gesundheitskrise, die gezeigt habe, dass die EU dafür nicht vorbereitet sei. Sie habe dafür keine Kompetenzen und deshalb auch weder ausreichend Erfahrung noch Expertise. Deshalb komme dem Aufbau der Gesundheitsunion Priorität zu. Es ist also ganz klar: Die EU soll solche Erfahrung und Expertise aufbauen und deshalb dazu ermächtigt werden, eine europaweite Gesundheitspolitik, vor allem gemeinsam Vorsorge zu betreiben, Notlager anzulegen, aber auch medizinisch essenzielle Produktionskapazitäten in Europa sicherzustellen und gemeinsame Methoden zur Analyse und Überwachung von Gesundheitskrisen zu entwickeln.

Doch die Aufgaben der EU sollen noch viel weiter gehen und nicht nur den wirtschaftlichen Wiederaufbau nach der Coronakrise erleichtern, sondern dies auf dem Weg über die erstmals mögliche kreditfinanzierte erhebliche Aufstockung des EU-Haushalts tun, um „wirkliche Transfers" (s. o.) und so den wirtschaftlichen Wiederaufbau gemeinsam schnell zu ermöglichen. Damit soll sichergestellt werden, dass die gewaltigen Geldmittel nicht nach nationalen Quoten, sondern nach dem etablierten EU-Haushaltsverfahren verwaltet werden, d. h. unter anderem: Verantwortung der EU-Kommission unter Kontrolle des Europäischen Parlaments. Das Verfahren ist demnach konzeptionell langfristig angelegt, nicht nur auf die Überwindung der gegenwärtigen Krise, was schon die Langfristigkeit der Schuldenaufnahme nahelegt. Wenngleich die jetzt beschlossene Kreditaufnahme als „außergewöhnlich und einmalig" bezeichnet und 2024 beendet sein wird, sind die vorgeschlagenen Maßnahmen darauf angelegt, die längst stattfindende Transformation von Wirtschaft und Gesellschaft zu fördern sowie zu beschleunigen. Die Schlussfolgerungen der außerordentlichen Tagung des Europäischen Rates vom 17. bis 21. Juli 2020, bei dem die Einigung erzielt wurde, bestätigen dies ausdrücklich: „NGEU (Next Generation EU, d. A.) und MFR (Mehrjähriger Finanzrahmen, d. A.) bilden eine Einheit. Wir brauchen die Aufbaumaßnahmen als rasche und wirksame Antwort auf eine vorübergehende Herausforderung, doch werden sie nur dann zu dem gewünschten Ergebnis führen und nachhaltig sein, wenn sie mit dem herkömmliche MFR – der unsere Haushaltspolitik seit 1988 prägt und eine langfristige Perspektive bietet – verknüpft werden und mit diesem in Einklang stehen."

Deshalb soll die dritte Säule des deutsch-französischen Konzepts sicherstellen, dass dieser erhebliche Mitteleinsatz zugunsten des Wiederaufbaus im Sinne ökologischer Nachhaltigkeit und der digitalen Transformation unserer Gesellschaften geschieht. Außerdem sollen die Verpflichtungen und Notwendigkeiten des Klimaschutzes dabei berücksichtigt werden. Es geht also darum, viel Geld nicht einfach in ein gigantisches Konjunkturprogramm zu stecken, sondern damit das große gemeinsame Zukunftsprojekt der EU, den „European Green Deal", zu unterstützen. Die Krise soll dazu genutzt werden, diesen umfassenden Prozess der Erneuerung zu beschleunigen.

Daraus soll schließlich, viertens, eine wirkliche „ökonomische Souveränität" der EU entstehen, in der darauf geachtet wird, dass die strategischen Aspekte europäischer Industrie und Infrastruktur zum Beispiel, aber auch ausländischer Investitionen in Europa Berücksichtigung finden. Kurz: Die Idee hinter dem deutsch-französischen Wiederaufbauplan, der sich im Prinzip in den Entscheidungen der EU wiederfindet, ist es, die Überwindung der Pandemie als Chance zu einer gemeinsamen europäischen Industriepolitik zu nutzen und dafür die EU zu erneuern. Die französische Idee der „refondation de l'Europe" bekommt auf diese Weise tatsächlich erste Konturen.

Viele Fragen sind nach wie vor offen, zum Beispiel: Woran bemisst sich eigentlich die Solidarität unter den Mitgliedstaaten? Wie weit kann oder muss sie gehen? Und welchen Anteil daran muss finanzielle Solidarität haben, wenn es nicht bei warmen Worten bleiben soll? Solche Fragen wurden zum Beispiel bereits bei der formellen Verabschiedung des Gesamtpakets im Dezember 2020 virulent, als die Einrichtung eines „Rechtsstaatsmechanismus" die Voraussetzung dafür schaffen sollte, dass aus dem EU-Haushalt geleistete Transfers nicht in korrupten nationalen Verteilungskanälen versickern und/oder auch unter Missachtung gemeinsamer rechtsstaatlicher Standards in Anspruch genommen werden können. Daraus ist nach Beginn des russischen Angriffskriegs gegen die Ukraine sogar ein regelrechtes Erpressungspotenzial vor allem seitens Ungarns entstanden, dem Finanzmittel aus dem Wiederaufbaufonds gesperrt wurden, nachdem ein Verfahren im Rahmen des „Rechtsstaatsmechanismus" eingeleitet wurde. Budapest machte seine Zustimmung zu Sanktionen gegen Russland oder zur Unterstützung der Ukraine von der Aufhebung dieser Zahlungssperre abhängig und beschädigte so die geopolitische Handlungsfähigkeit der Union.

Die gewaltigen Anstrengungen, die die EU in kurzer Zeit unternommen hat, um die gemeinsame Wirtschaft dabei zu unterstützen, aus der tiefsten Krise seit ihrer Gründung zu finden, haben die Gestalt der EU also selbst verändert und werden dies weiterhin tun: Gemeinsame Kreditaufnahme, Flexibilisierung der Stabilitätskriterien und der Wettbewerbsregeln, Erhöhung der Eigeneinnahmen und Schaffung neuer, eigener EU-Einnahmen – all dies verändert das Machtgefüge innerhalb der EU auf einem Gebiet, in dem sie tatsächlich, anders als im Gesundheitswesen, über eigene Kompetenzen verfügt. Die Formel der „außergewöhnlichen und einmaligen" Maßnahmen mag zurzeit darüber hinweg helfen, dass hier in die Statik des EU-Gebäudes eingegriffen wird – werden musste. Aber die Natur der beschlossenen Maßnahmen ist von dauerhafter Art. Und deshalb wird die weitere Ausgestaltung der neuen Handlungsmöglichkeiten, die nicht abgeschlossen ist, und auch ihrer parlamentarischen demokratischen Kontrolle darüber entscheiden, mit welcher Art EU wir es in Zukunft zu tun haben werden.

Es sei hier deshalb noch einmal daran erinnert, dass die EU-Kommission in ihrer Mitteilung „Die Stunde Europas – Schäden beheben und Perspektiven für die nächste Generation öffnen", in der die Vorschläge für den Wiederaufbaufonds enthalten sind, nicht nur ausdrücklich die langfristige Entwicklung ins Auge fasst, sondern auch wieder einen Bezug zur „Konferenz über die Zukunft Europas" herstellt, in der auf Bürgerforen in der gesamten EU über die Zukunft der europäischen Integration debattiert wurde. Bei der feierlichen Eröffnung dieser Konferenz im Europäischen Parlament am 9. Mai 2021 in Straßburg nannte Frankreichs Staatspräsident Emmanuel Macron die Fragen, vor denen die Bürger Europas jetzt stehen: „Welches Europa wollen wir in zehn Jahren haben? In 15 Jahren? In welchen Grenzen? Mit welchen neuen Institutionen? Welche großen kulturellen Projekte wollen wir gemeinsam wagen? Wie wollen wir Europa zum Führer bei der Reduzierung der Emissionen und der noch schnelleren Dekarbonisierung machen? Wie wollen wir das Europa der Bildung und der Forschung stärken? Neue Grenzen im Weltraum erreichen wie in unseren Ozeanen? Und wie wollen wir, schließlich, unsere neuen Geschichten schreiben?"

Ausdrücklich also steht die EU spätestens seit der Coronakrise vor der Frage nach ihrer eigenen Zukunft und der der europäischen Integration insgesamt – nicht nur der nach den Fehlern der Vergangenheit und den Schwächen der Gegenwart. Und dazu gehört ebenfalls, mehr denn je, ihre Fähigkeit zu auswärtigem Handeln.

Schlussfolgerungen für die EU

Aus der akuten Herausforderung, eine weltweite Gesundheitskrise zu meistern, die Folge der rapiden Ausbreitung einer Pandemie war, ist für die EU die umfassende Aufgabe geworden, sich selbst neu zu erfinden. Die Konfrontation mit einem aggressiven Russland, das am 24. Februar 2022 seinen Nachbarn, den EU-Partner Ukraine, militärisch angegriffen hat, macht diese Aufgabe umso dringlicher. In einer Zeit multipler Krisen, denen das Projekt der europäischen Integration seit gut zehn Jahren ausgesetzt ist, müssen sich die EU-Mitgliedstaaten dringend darüber klar werden, in welche Richtung sie gemeinsam und mit ihrer Union gehen wollen. Sie müssen nicht nur eine weitere, eine neue weltweite Dimension ins Blickfeld nehmen, sie stehen auch unter höherem zeitlichen Druck. Ihr wachsendes Engagement beim Management zunächst der Gesundheits-, dann der Versorgungskrise muss sich schnellstens einfügen in eine langfristig angelegte Weiterentwicklung der EU. Die Union muss Handlungskompetenzen erhalten, die bis jetzt ausschließlich oder vornehmlich bei den Nationalstaaten liegen.

So wird zum Beispiel die in der Pandemie geforderte Gesundheitsunion in die fast ausschließlich national zu verantwortende Gesundheitspolitik eingreifen. Dazu bedarf es einer vertraglich sauberen Grundlage einschließlich klar definierter Zuständigkeiten und demokratischer Verantwortlichkeit. Eine umfassende solidarische Wirtschafts- und Währungsunion wird zu einer Transferunion werden, für die „Next Generation EU" sowie die Arbeiten an der Kapitalmarkt- und der Bankenunion das Fundament legen. Auch hierfür wird es klarere Zuständigkeiten geben müssen, als dies bisher der Fall ist. Die Europäische Zentralbank darf in ihrer Verantwortung für die gemeinschaftliche Währung nicht allein gelassen, sie muss von einer gemeinschaftlichen Fiskal- und Wirtschaftspolitik begleitet werden. Und das auswärtige Handeln der EU lässt sich schon jetzt nicht mehr auf die rein wirtschafts- und handelspolitischen Aspekte der internationalen Politik begrenzen; die EU muss sich zu einer politischen Union entwickeln, wenn sie als geopolitischer Akteur ernstgenommen werden will.

Zwar hat die EU eine Zuständigkeit in der Gemeinsamen Außen- und Sicherheitspolitik (GASP) einschließlich der schrittweisen Festlegung einer gemeinsamen Verteidigungspolitik, die zu einer gemeinsamen Verteidigung führen kann" (Art. 24 Abs. 1 EUV). Aber dafür gelten „besondere Bestimmungen und Verfahren", vor allem die Regel der Einstimmigkeit sowie des Verbots von „Gesetzgebungsakten" auf diesem Gebiet. Das Europäische Parlament hat keine Kontrollfunktion, sondern muss nur gehört und informiert werden. Und der Europäische Gerichtshof ist grundsätzlich „nicht zuständig". Die Gemeinsame Sicherheits- und Verteidigungspolitik (GSVP) ist beschränkt auf „Missionen außerhalb der Union zur Friedenssicherung, Konfliktverhütung und Stärkung der internationalen Sicherheit in Übereinstimmung mit den Grundsätzen der Charta der Vereinten Nationen" (Art. 42 Abs. 1 EUV). Obwohl die EU-Staaten eine militärische Beistandspflicht „im Falle eines bewaffneten Angriffs auf das Hoheitsgebiet eines Mitgliedstaats" haben, bleibt „die kollektive Verteidigung und das Instrument für deren Verwirklichung" die NATO (Art. 42 Abs. 7).

Wenn Kommissionspräsidentin Ursula von der Leyen nach einer möglichen Wiederwahl im Juni 2024 in ihre nächste Kommission nun einen „Verteidigungskommissar" berufen will, wie sie es bei der Münchner Sicherheitskonferenz am 17. Februar 2024 angekündigt hat, dann wird sie sagen und auch sicherstellen müssen, über welche Kompetenzen denn dieser Kommissar verfügen soll.

Der Vertrag von Lissabon gibt für das Politikfeld „Verteidigung" wenig her (s. o.). Die Verantwortung für die Koordinierung in der europäischen Rüstungsindustrie, für die die Kommission eine Zuständigkeit beanspruchen kann, liegt derzeit beim Industriekommissar. Dies ließe sich natürlich anders zuschneiden und schon hätte man den „Verteidigungskommissar". Aber das wäre nur ein neues Namensschild für dasselbe Büro. Außerdem gibt es seit Jahren die „Europäische Verteidigungsagentur", die sich ebenfalls mit der Koordinierung der Rüstungsbedarfe und -bedarfsdeckung beschäftigt.

Die Hybridfunktion des Hohen Repräsentanten für die Außen- und Sicherheitspolitik, der zugleich dem Rat der Außenminister vorsitzt und einer der Vizepräsidenten der Kommission ist, kann nicht wirklich ein Vorbild für institutionelle Effizienz und Klarheit sein. Zwar wird die GASP schon lange in den Vordergrund gestellt, wenn es darum geht, über Erfolg versprechende Perspektiven für die Zukunft der EU zu sprechen, aber die Erfindung neuer Bezeichnungen ist nur Rhetorik. Sie ändert nichts daran, dass die EU ihre neuen Herausforderungen nur wird meistern können, wenn ihre Mitgliedstaaten sie dazu ausdrücklich ermächtigen. Dazu müssten sie die Union mit den dazu notwendigen klaren Kompetenzen ausstatten und das verwirrende Gestrüpp aus einerseits gemeinschaftsrechtlich verankerten und andererseits auf zwischenstaatliche Kooperation ausgerichteten Aktions-und Verfahrensweisen lichten. Das haben sie bisher nicht getan.

Die Mitgliedstaaten müssten also die Unionsverträge ändern oder, besser noch, gleich einen neuen Vertrag schließen, den möglicherweise nur eine kleinere Zahl von Mitgliedstaaten unterzeichnen würde, weil nicht alle dabei mitmachen wollen. Alle interessierten Staaten werden sich dann aber darüber verständigen müssen, wie und wer sich wann auf diesen neuen Weg begeben will. Die Notwendigkeit, diesen Weg einzuschlagen, besteht jetzt. Die Entscheidung zu einer solchen Entwicklung zu treffen oder zu unterlassen wird darüber bestimmen, ob Europa, ob die Europäer in dieser neuen Epoche aggressiver Großmachtpolitik noch eine Chance haben, aktiv mitzuspielen. Die Debatte darüber ist überfällig. Sie hat jetzt begonnen.

Und sie wird heikel werden, insbesondere im Bereich der Verteidigungspolitik. Dafür muss nicht nur die Schwelle zu Vertragsänderungen oder einem neuen Vertrag überwunden werden. Die Erinnerung an den 2005 gescheiterten umfassenden Verfassungsvertrag, der in Referenden in Frankreich und den Niederlanden abgelehnt wurde, wirkt noch nach. Und das Anwachsen nationalistischer Parteien in fast allen EU-Staaten ermuntert nicht gerade dazu, neue große Schritte auf dem Weg der Integration zu tun. Zur Erinnerung: Die EU ist nichts Statisches, sie ist ein Prozess.

Angesichts der jüngsten Debatte in den USA über deren Rolle für die Verteidigung Europas, ausgelöst durch Wahlkampfreden des Kandidaten Donald Trump, der die NATO schon mal für „obsolet" und die EU zum „Feind" erklärt hat, liegt jetzt auch die Frage einer eigenständigen Nuklearabschreckung der Europäer auf dem Tisch, aufgeworfen nicht zuletzt vom französischen Präsidenten, der als einziger unter den EU-Häuptern über entsprechende militärische Fähigkeiten verfügt und zur Diskussion darüber einlädt, ob diese eine, und wenn ja welche Rolle für die Sicherheit Europas spielen könnten. Diese Frage geht an den Kern des transatlantischen Verhältnisses und des Selbstverständnisses der Europäer. Und damit erhält sie auch für den Kriegsherrn im Kreml eine neue Bedeutung.

Wenn diese Debatte auch für den Geschmack der politisch Verantwortlichen zur Unzeit kommt, so wird sie nicht zu umgehen sein, wenn über eine Rolle der EU – in welcher Form auch immer – für die Verteidigung Europas zu verhandeln sein wird. Schon jetzt verpflichtet Art. 42 Abs. 7 des Vertrags von Lissabon die EU zu militärischem Beistand im Falle eines bewaffneten Angriffs (eine Übernahme der Beistandspflicht aus dem Vertrag über die Westeuropäische Union – WEU –, die in der EU aufgegangen ist). Es wird dann darüber zu reden sein, wie diese Pflicht erfüllt werden kann, sollten sich die USA aus ihrer jetzt wahrgenommenen Rolle zurückziehen und so die Funktion der NATO grundlegend verändern – was nicht mehr auszuschließen ist. Unabhängig davon, für wie wahrscheinlich ein US-Rückzug aus Europa erachtet wird, besteht hier akuter konzeptioneller wie faktischer Handlungsbedarf. Es ist Vorsorge auch für das „Worst-Case-Szenario" zu treffen.

4. HERAUSFORDERUNGEN FÜR UND ERWARTUNGEN AN DEUTSCHLAND

Die für Deutschland sicherheitsrelevanten Organisationen, NATO und EU, waren also in den vergangenen Jahren erheblichen Herausforderungen ausgesetzt, bei deren Bewältigung sie sich schon jetzt sehr verändert haben. Dieser Prozess ist noch nicht abgeschlossen, denn die Krisen dauern an. Für die Verantwortlichen in Berlin bedeutet dies, dass sie vor der Notwendigkeit weitreichender Entscheidungen darüber stehen, wie sie die Zukunft von EU und NATO gestalten wollen. Dabei gilt auch zu berücksichtigen, welche Erwartungen insbesondere unsere Partner an die deutsche Politik haben. Sie sind ja an dem Prozess der Veränderungen beteiligt.

Eigentlich betreibt Deutschland keine nationale Sicherheits- und Verteidigungspolitik. Seit 1955, als die Bundesrepublik Deutschland am 5. Mai von den westlichen Siegermächten des Zweiten Weltkriegs wieder für souverän erklärt wurde, ist ihre Außen- und Sicherheitspolitik in das westliche Bündnis – die NATO – eingebettet; sind ihre Streitkräfte – die Bundeswehr – in die Militärstruktur des Bündnisses integriert. Seit ihrer Gründung ist die Bundeswehr eine Bündnisarmee.

Dies noch einmal festzustellen ist deshalb wichtig, weil dieser Ursprung das Selbstverständnis und die Tradition der Bundeswehr geprägt hat und auch jetzt noch prägt. Dies unterscheidet auch die deutsche Außen- und Sicherheitspolitik sowie ihr militärisches Instrument, die Bundeswehr, grundsätzlich von ihren engsten Verbündeten, die traditionell jeweils auch über eigene nationale Sicherheitsstrategien verfügen – Deutschland hat eine solche erst seit

Juni 2023. Und auch diese ist mehr Situationsanalyse als eine Präsentation von Handlungsoptionen. In einer Zeit des strategischen Umbruchs in Europa, wie er seit dem 24. Februar 2022 durch den Angriffskrieg Russlands gegen sein Nachbarland, die Ukraine, stattfindet, sind diese Unterschiede von Belang. Denn die strategische und politische Antwort auf diese Verletzung fundamentaler völkerrechtlicher und menschlicher Normen in unmittelbarer Nachbarschaft kann nur gemeinsam erfolgen – in der Gemeinsamkeit oder auch Solidarität des demokratischen „Westens", des demokratischen Europas.

Die Organisationen dieses demokratischen „Westens" aber stehen mit den vielfältigen Krisen der vergangenen Jahre vor großen Herausforderungen (s. o.), die eine grundlegende Neuorientierung nötig machen, ohne dass schon absehbar wäre, wann und wie wieder eine verlässliche Friedensordnung in Europa entstehen kann; auf welche Weise das transatlantische Verteidigungsbündnis funktionieren und welche Aufgaben es erfüllen, welche Rolle der Europäischen Union zukommen soll, nach innen wie nach außen. Daraus folgt die Frage: Wer oder was ist „der Westen"? Wer oder was ist „Europa"? Und welche Rolle kommt Deutschland in diesen Strukturen zu? Welche Rolle erwarten die Verbündeten von Deutschland? Diese Fragen haben neue Relevanz erhalten.

Denn der Krieg in der Ukraine, sein Verlauf und sein Ende, haben eine weitreichende, weil sehr direkte und unmittelbare Auswirkung auf die Gestaltung der künftigen Friedensordnung in und für Europa, die an die Stelle der bisher gültigen und auch mit Moskau vereinbarten Friedensordnung wird treten müssen, die Russland mit seinem Krieg einseitig und mutwillig beendet hat. Denn nach dem Krieg wird nichts wieder so sein wie zuvor. Die Ukraine wird womöglich auf viele Jahrzehnte kaum ein politischer Partner

Russlands sein können. Und Russlands Führung ist auf absehbare Zeit auf Konfrontation mit dem „Westen" ausgerichtet. Der russische Angriff auf die Ukraine, aber auch schon der Angriff auf Georgien sowie die Besetzung der Krim und der Ostukraine haben die Grundlage der bisherigen Friedensordnung grundlegend zerstört. Die politischen Folgen des Krieges sind noch lange nicht absehbar. Jedenfalls wird es lange dauern und eines andauernden Einsatzes aller Beteiligten bedürfen, um Vertrauen wieder aufzubauen. Es geht jetzt darum, die Vorstellungen, die die politisch und militärisch Verantwortlichen in Berlin, Washington, Brüssel, Paris, aber auch in Riga, Warschau, Prag oder Bukarest, London, Oslo, Athen sowie Ankara und jetzt auch Helsinki und Stockholm nicht zu vergessen – von einer künftigen Friedensordnung haben, miteinander zu vereinbaren.

Diese Aussage ist einerseits billig und keineswegs neu. Je umfangreicher und diverser NATO und EU durch die Beitritte der vergangenen Jahre wurden, umso schwerer wurde es, das jeweilige Rollenverständnis für die gemeinsamen Organisationen in den einzelnen Hauptstädten auf einen Nenner zu bringen. Aber zugleich wurde es umso dringender, genau dies zu leisten, um die gemeinsame Handlungsfähigkeit sicherzustellen. Das ist allgemein bekannt und findet sich in vielen Dokumenten als Absichtserklärung wieder – nicht zuletzt im neuen „Strategischen Konzept" der NATO und dem erstmals erstellten „Strategischen Kompass" der EU. Beide Dokumente wurden freilich noch vor dem Beginn des Krieges vorbereitet und mussten kurz vor ihrer Verabschiedung im März bzw. Juni 2022, also kurz nach Beginn des Krieges, in Windeseile angepasst werden. Aber was heißt schon anpassen, wenn die Grundlage aller Überlegungen, die bis dahin gültige, weil vereinbarte, wenn auch brüchige Friedensordnung in Europa, wegbricht? Wie soll das gehen? Die Arbeit an der Vereinbarung einer neuen europäischen Friedensordnung bildet demnach den Kern der Debatte, die jetzt zu führen ist. Dazu gehört die Frage nach der Rolle Deutschlands und nach den Erwartungen, die Deutschlands Partner hegen – nicht mehr, aber auch nicht weniger.

4.1 PARTNER FRANKREICH – EUROPÄISCH AUTONOM?

Engster Partner und Verbündeter Deutschlands in Europa ist, aus vielerlei Gründen, Frankreich. Das Nachbarland ist nicht nur auf allen Ebenen des gesellschaftlichen, wirtschaftlichen und politischen Lebens aufs Engste mit Deutschland verflochten. Es ist auch historisch eng mit Deutschland verbunden. Und als eine der vier Sieger- und Besatzungsmächte Deutschlands nach dem Zweiten Weltkrieg hat Frankreich ein besonderes Verständnis von gemeinsamer Sicherheit entwickelt, das sich von demjenigen etwa der USA oder Großbritanniens – der anderen beiden demokratischen Siegermächte – grundlegend unterscheidet. Frankreich hat im Zweiten Weltkrieg deutsche Besatzung erlebt und Deutschland ist und bleibt unmittelbarer Nachbar. Wer die Anknüpfung der aktuellen Debatte über künftige europäische Sicherheit an den Zweiten Weltkrieg und dessen Folgen in Abrede stellt, verkennt die historische Dimension dieser Debatte, die sowohl in der Propaganda des Angreifers als auch in den Reaktionen auf diesen eine Rolle spielt.

Frankreich also, Gründungsmitglied der NATO und der Vorläuferorganisation der Europäischen Union, ist, genau wie Deutschland, ein Kernelement jeder europäischen Friedensordnung. Und es ist Deutschland auf besonders eindrückliche Weise verbunden. Der „Vertrag zwischen der Bundesrepublik Deutschland und der

Französischen Republik über die deutsch-französische Zusammenarbeit und Integration" von 2019 („Aachener Vertrag") legt unter anderem fest: „Beide Staaten vertiefen ihre Zusammenarbeit in Angelegenheiten der Außenpolitik, der Verteidigung, der äußeren und inneren Sicherheit und der Entwicklung und wirken zugleich auf eine Stärkung der Fähigkeit Europas hin, eigenständig zu handeln." In diesem Zusammenhang konsultieren sie einander „mit dem Ziel […], wann immer möglich gemeinsam zu handeln" (Art. 3).

Und mehr noch: In Anbetracht von Art. 5 des NATO-Vertrags und Art. 42 Abs. 7 des EU-Vertrags von Lissabon (Beistandsverpflichtung) „nähern beide Staaten, überzeugt davon, dass ihre Sicherheitsinteressen untrennbar miteinander verbunden sind, ihre sicherheits- und verteidigungspolitischen Zielsetzungen und Strategien einander zunehmend an und stärken so auch die Systeme kollektiver Sicherheit, denen sie angehören. Sie leisten einander im Falle eines bewaffneten Angriffs auf ihre Hoheitsgebiete jede in ihrer Macht stehende Hilfe und Unterstützung; dies schließt militärische Mittel ein" (Art. 4 Abs. 1).

Mit dem Aachener Vertrag haben Deutschland und Frankreich also so etwas wie ein Bündnis im Bündnis geschlossen, eine besondere Union innerhalb der Europäischen Union. Eine solch enge Verbindung gibt es weder für Deutschland noch für Frankreich mit irgendeinem anderen Land. Wie sollte es dabei nicht darauf ankommen, ob und wie in Berlin und Paris an gemeinsamen Vorstellungen für die europäische Sicherheit nach dem Ende des Ukraine-Krieges gearbeitet wird? Ob und wie solche Vorstellungen in den europäischen Rahmen und den der NATO passen? Ob und wie darüber hinausgehende geostrategische Überlegungen eine Rolle spielen? Bei der Neuorientierung deutscher Sicherheitspolitik kommt es also darauf an, dass dies auf eine Art und Weise geschieht, die mit den Entwicklungen bei den wichtigsten Verbündeten kompatibel ist, also auch und vor allem Frankreichs.

Neue geostrategische Herausforderungen aus Pariser Sicht

Neue strategische Herausforderungen sind in Paris eng mit Überlegungen zu einer neuen globalen Friedensordnung und der Rolle verknüpft, die Europäer darin noch spielen können. Sie werden unter dem Stichwort „strategische Autonomie" oder „strategische Souveränität Europas" diskutiert und stellen, unabhängig vom Krieg in der Ukraine, die Modelle infrage, mit denen in EU und NATO bisher gearbeitet wird. Der von Moskau begonnene Krieg gegen die Ukraine stärkt zwar einerseits die geopolitische Bedeutung beider Organisationen, er verstärkt aber zugleich die Notwendigkeit, europäische Sicherheit in einem neuen, globalen, nicht nur regionalen euro-atlantischen Rahmen zu denken. In dieser scheinbar widersprüchlichen Logik bewegen sich auch die Überlegungen in Paris zu Weiterentwicklungen der EU und der NATO. Freilich wird nun auch in Rechnung gestellt werden müssen, dass politische Kräfte an Einfluss gewinnen können, die allein die nationalen Interessen Frankreichs in den Vordergrund stellen und der Allianz oder der EU keine tragende Funktion in der Sicherheitspolitik mehr zubilligen.

Noch aber gilt die *Revue nationale stratégique* von 2022, in der es heißt: „In Europa muss Frankreich seine Beziehungen zu seinen traditionellen Partnern erneuern und zugleich eine Strategie entwickeln, die andere Länder einschließt." An erster Stelle steht dabei übrigens Deutschland, mit dem Frankreich ein „Europa der Verteidigung" aufbauen will „im Hinblick auf die jüngst ausgedrückten Ambitionen Deutschlands und die strategischen Bedarfe und Fähigkeiten, die wir identifiziert haben". Dazu gehören aber auch „die USA, mit denen unsere strategische Partnerschaft von fundamentalem Wert ist und die zugleich ambitioniert, klug und pragmatisch bleiben muss".

Überwölbendes Element der französischen Überlegungen ist die Erkenntnis, dass der Aufstieg der Volksrepublik China als globale Wirtschaftsmacht mit wachsendem machtpolitischen Anspruch das internationale System nach dem Zusammenbruch der Sowjetunion noch einmal fundamental verändert hat und weiter verändert. Die Führung der Kommunistischen Partei in Peking und ihr nationalistischer Freund in Moskau sagen es explizit: Sie wollen die Vorherrschaft des Westens beenden. Der Sieg des „Westens" über das zerfallene Sowjetimperium Anfang der 1990er Jahre („The end of history") hat nur kurz die Illusion nähren können, nun sei der Weg geebnet, auf dem der (mehr oder weniger) demokratische „Westen" einer friedlichen, regelbasierten Weltordnung zum Durchbruch verhelfen werde, die dann unter dem Schutz der einzig verbleibenden Supermacht USA, dem „benign hegemon", stehe. Ein Traum, den so mancher Stratege in Washington (und nicht nur dort) träumte.

Doch diese Phase währte nicht lange. Und so steht nun das Wiederaufleben klassischer Großmächtekonkurrenz im Zentrum der Debatte. Dieser Wettbewerb prägt aus Pariser Sicht (und nicht nur dort) jetzt das internationale System: der Wettstreit der weltgrößten Volkswirtschaften China und USA um die globale Vorherrschaft, nicht nur ökonomisch, sondern vor allem machtpolitisch; der Kampf der ökonomisch zweitrangigen Super-Atommacht Russland um Anerkennung als gleichwertige Großmacht; die wachsenden Ambitionen der bevölkerungsreichen Großmächte im „globalen Süden" um effektive Mitsprache bei der Regelung der Weltordnung, die sich tendenziell auch einer „westlichen" Vormachtstellung widersetzen; die Suche des nur noch kleinen Europas nach seiner Rolle in dieser neuen Welt, das sich als Alliierter in diesem globalen Wettkampf an die Seite der USA stellen oder als durchaus ebenbürtiger ökonomischer Konkurrent sowohl Chinas wie der USA eine eigenständige Rolle als potenziell „geopolitischer Akteur" spielen könnte.

Vor diesem Hintergrund findet in Paris die Neuausrichtung des strategischen Denkens statt. „Strategische Autonomie" ist dabei nicht nur im eng militärischen oder in einem etwas weiteren, aber immer noch rein sicherheitspolitischen Kontext zu verstehen. „Strategische Autonomie" umfasst auch Kommunikation und Hochtechnologie, kritische Infrastruktur und „strategische Industrie", kritische Rohstoffe und Lieferketten, das Weltall und den Cyberraum. Der Krieg Russlands in der Ukraine und die ausgreifende Politik Chinas haben jetzt lediglich mit aller Deutlichkeit gezeigt, wie verletzlich die offenen demokratischen Gesellschaften des Westens gegenüber autoritären Regimen mit offensivem Großmachtanspruch sind; insbesondere aber die europäischen, deren Abhängigkeit von der Respektierung einer funktionierenden regelbasierten Weltordnung noch viel größer ist als die der USA. Diese offenen demokratischen Gesellschaften gilt es zu schützen. Und dies, davon ist man in Paris überzeugt, kann nur im europäischen Rahmen gelingen, nicht im nationalen („L'Europe qui protège").

Außerdem hat die terroristische Bedrohung der vergangenen Jahre in Frankreich das sicherheitspolitische Interesse an Afrika wieder in den Vordergrund gerückt. Unter Präsident Nicolas Sarkozy (2007–2012) hatte Paris zwar damit begonnen, seine noch aus der Nachkolonialzeit stammende ständige Militärpräsenz im frankofonen Afrika zu verringern, allerdings sah sich Sarkozys Nachfolger Francois Hollande (2012–2017) im Interesse Frankreichs, aber auch

Europas, dazu gezwungen, die Eroberung Malis durch islamistisch-terroristische sowie separatistische Milizen mit Militärgewalt zu verhindern.

Mali grenzt an das ebenfalls ehemals zum französischen Kolonialreich gehörende Niger, wichtiger Lieferant für Uran, und an Algerien, mit dem Frankreich eine lange und blutige Geschichte verbindet. Das nordafrikanische Land befindet sich nach einem jahrelangen Bürgerkrieg mit Hunderttausenden von Opfern jetzt seit Jahren in einem Schwebezustand zwischen scheinbar stabilem Militärregime und immer wieder aufkeimenden Revolten – ein leicht entzündbares Pulverfass im ohnehin unruhigen Nordafrika (Tunesien, Libyen). Zudem leben Millionen Algerier in Frankreich – mit und ohne französische Staatsangehörigkeit, auf jeden Fall mit vielfältigen familiären Beziehungen.

Nun geht es Paris darum, „mit Afrika erneuerte Partnerschaften einzugehen, die auf der Nachfrage der afrikanischen Partner aufbauen und die zivilen Aspekte der Zusammenarbeit gemäß dem Kontinuum aus Sicherheit, Verteidigung, Diplomatie und Entwicklung verstärken". Einerseits soll es ein Ende haben mit den neokolonialen Abhängigkeitsbeziehungen im frankofonen Afrika. Andererseits rückt das große sicherheitspolitische Interesse an stabilen Verhältnissen in Afrika, besonders in Nordafrika, verstärkt in den Fokus. Und dies nicht nur wegen der bereits vor Jahren festgestellten terroristischen Bedrohung. Zunehmend wird jetzt in Rechnung gestellt, dass China und Russland ihre jeweiligen Aktivitäten in Afrika ebenfalls ausweiten, um ihre eigenen machtpolitischen Einflussgebiete zu erweitern. China tut dies vor allem im Sinne seiner Neuen-Seidenstraße-Initiative mit ökonomischen Mitteln: mit Krediten und Investitionen in afrikanischen Staaten zum Aufbau strategischer Infrastruktur – und damit zugleich deren Kontrolle.

Für Russland wurde vor allem die private „Sicherheitsfirma" Wagner in Zentral- und später auch in Westafrika tätig, die mit ihren zum Teil aus dem russischen Staatshaushalt finanzierten Milizen gewaltsam die Verfügbarkeit reichhaltiger Bodenschätze und deren Ausbeutung sicherstellte und so Moskaus Einfluss auf korrupte lokale Regime steigerte, die es im Gegenzug stützte.

Die Unterstützung Russlands und seiner Söldnertruppe der neuen Putschistenregime in Mali, Burkina Faso und Niger unterstreicht diese Analyse und erschwert vorerst die von Paris gewünschte Entwicklung „erneuerter Partnerschaften" mit Afrika. Die putschenden Militärs, auch in Gabun, mussten in keinem Fall mit ernsthaftem Widerstand rechnen, da die Regime, die sie hinweggefegt haben und von denen nur das in Niger zuletzt demokratisch legitimiert war, durchgängig korrupt waren, aber von Paris und Brüssel (auch Berlin) im Kampf gegen Terrorismus wie auch gegen Flüchtlingsbewegungen unterstützt wurden. Große Teile der Bevölkerung betrachteten sie in diesen Ländern deshalb als Handlanger der ehemaligen Kolonialmächte, was zu anti-französischer, anti-europäischer, ja anti-westlicher Haltung sowie letztlich zum Rückzug Frankreichs aus diesen Ländern beigetragen und zum Abzug seiner Streitkräfte aus dieser nach wie vor von Terrormilizen geschundenen Region geführt hat. Deutschland wollte – wie die USA – vor Ort noch präsent bleiben, wohl, um einen Restbestand westlichen Einflusses zu sichern. Zum Jahresende 2023 brach die Bundeswehr zwar ihren Einsatz in Mali ab, blieb aber mit geringen Kräften vorerst in Niger präsent, bis auch diese Option gestrichen werden musste. Inzwischen haben sich russische Kräfte bereits auf einem US-Stützpunkt niedergelassen – Ausgang offen.

Im Blickfeld der französischen Strategen liegen in diesem Zusammenhang aber nicht nur die Nachbarn am gegenüberliegenden

Ufer des Mittelmeers, sondern darüber hinaus das gesamte Gebiet, das sich von der Sahelzone in Westafrika über Zentralafrika und das Horn von Afrika im Osten des Kontinents bis zum Persischen Golf erstreckt. Damit geraten auch der jüngste Krieg der Generale im Sudan und der schon lange während Krieg im Jemen in den Blickpunkt strategischen Interesses.

Schließlich ist nicht zu übersehen, dass Frankreich auch ein gesteigertes strategisches Interesse am Indopazifikraum hat. Dort ist Paris, das über umfangreiche Hoheitsgebiete im Pazifik verfügt (Neukaledonien, Französisch-Polynesien) wie andere pazifische Mächte dem Expansionsdrang Chinas in besonderer Weise ausgesetzt, das dort, durchaus auch mit militärischer Präsenz, verstärkt eigene Machtansprüche manifestiert.

Die Gewichte der Macht auf dem Globus haben sich verschoben. Einzeln wiegen Europas Nationen nicht schwer genug, um auf die Gestaltung der Welt in ihrem Interesse Einfluss zu nehmen. Deshalb spielt für Frankreich die Europäische Union die zentrale Rolle für die Durchsetzung eines geostrategischen Gestaltungsanspruchs, der sich natürlich auch auf eine neue Ordnung des Friedens richtet, die es nun zu vereinbaren gilt. Der Krieg in der Ukraine hat zudem gezeigt, dass der Widerstand Europas gegen den Aggressor, wenn eine direkte kriegerische Auseinandersetzung mit ihm vermieden werden soll, im Wesentlichen über die EU geleistet wird. Es ist die Union, die über wirksame wirtschaftliche und finanzielle Druckmittel gegen den Angreifer verfügt, die Sanktionen über ihn verhängen und durchsetzen kann. Insoweit ist die EU zum geopolitischen Akteur geworden, wenn sie geschlossen handeln kann. Freilich schließt Frankreich auch den Einsatz eigener Streitkräfte in diesem Krieg ausdrücklich nicht aus.

Welche Handlungsfähigkeit für die EU?

Die Handlungsfähigkeit der EU zu stärken, steht deshalb auch im Mittelpunkt der strategischen Überlegungen in Paris in dieser Zeit des Umbruchs. Dabei geht es im Wesentlichen um drei Aspekte: Die EU soll ihre normative Macht im Bereich der Wirtschaft stärken, um feindselige Einflussnahme auf kritische Infrastruktur, Kommunikationssysteme, Rohstoffversorgung und andere hybride Bedrohungen der Sicherheit in Europa zu unterbinden. So wie es die EU ist, die Friedensbrecher mit Sanktionen belegen kann, so ist sie es auch, die Schutz vor ökonomischer Erpressung gewähren kann, wie sie zum Beispiel die Volksrepublik China zur Durchsetzung politischer Ansprüche praktiziert. Die EU soll aber auch ihre Fähigkeiten zur schnellen militärischen Einsatzbereitschaft ausbauen und dafür ihre Entscheidungsfindung im Bereich von Sicherheit und Verteidigung beschleunigen, um ad hoc handlungsfähig zu sein. Und die EU soll weiter daran arbeiten, die europäische Hochtechnologie- und Rüstungsindustrie zu stärken, ohne die eine autonome Handlungsfähigkeit Europas illusorisch ist. Dies verschärft zwangsläufig die Konkurrenz zu engen Verbündeten, vor allem den USA, aber auch zu Großbritannien.

Damit formuliert Paris sehr weitreichende Vorstellungen einer Europäischen Union, die als aktiver geopolitischer Akteur auch weltpolitisch eine Rolle spielen können soll. Dies mag in vielen Expertenkreisen, auch deutschen, als schlichte Fortschreibung eines französischen Gestaltungsanspruchs (manche sagen Geltungsbedürfnisses) belächelt werden, der national nicht mehr aufrechtzuerhalten ist und deshalb auf die europäische Ebene projiziert wird, wo dann auch die notwendigen Finanzmittel zu generieren wären. Aber in der Analyse der globalen Machtverschiebung steht Paris ja nicht allein, sondern befindet sich im Einklang mit den europäischen und den Bündnispartnern. Für die Schlussfolgerungen, die daraus zu ziehen sind, zeichnet sich freilich noch kein Konsens ab. Hier sind Ideen aus Berlin gefragt, wo die Kanzlerpartei gleich zu Beginn ihres Regierungsmandats einen deutschen Führungsanspruch anmeldete, zugleich aber auch immer wieder „rote Linien" zieht, die Deutschland nicht überschreiten dürfe.

Ein Berliner Führungsanspruch ist zunächst weniger absurd, als es den Anschein hat. Im globalen Wirtschaftswettbewerb, in dem es auch um wirtschaftliche Dominanz und Abhängigkeiten geht, ist die EU nun mal eine der großen Mächte, durchaus ebenbürtig mit den Weltmächten USA und China. Und Deutschland ist die ökonomische Vormacht in der EU, auf die es ankommt, wenn die EU ihre ökonomischen Muskeln spielen lassen will. Dank der Bündelung nationaler wirtschafts-, handels- und finanzpolitischer Kompetenzen in der EU haben die Europäer auf diesen Gebieten noch wirkliche globale Handlungs- und Gestaltungsmacht. Diese zu stärken, bedeutet dann aber auch gleichzeitig, supranationale Kompetenzen der EU zu stärken, also die Integration Europas voranzutreiben. Dem steht entgegen, dass die Mitgliedstaaten der EU nicht nur darüber uneinig sind, wie weit die Integration gehen soll, sie sind darüber hinaus auch durchaus Konkurrenten untereinander. Jedenfalls solange und soweit sich nationale Regierungen nur dafür verantwortlich fühlen, der nationalen Wirtschaft zu dienen.

Mehr Verantwortlichkeit der EU in der Gestaltung der internationalen Wirtschaftsbeziehungen würde also den Handlungsspielraum verringern, den nationale Regierungen noch hätten, um der eigenen Industrie oder Landwirtschaft im globalen Konkurrenzkampf Vorteile zu verschaffen. Deshalb ist die Pariser Forderung nach einer Stärkung der „normativen Macht der EU" im Bereich der

Wirtschaft ebenso folgerichtig wie schwer zu erreichen, denn damit würde auch die wirtschaftliche Vormachtstellung Deutschlands relativiert. Sollte eine solche Stärkung der EU im Sinne der geostrategischen Überlegungen in Paris gelingen, wäre die EU eine andere, als sie es jetzt ist. Und das entspräche durchaus dem politischen Anspruch des Präsidenten Emmanuel Macron. Ob, inwieweit und wie lange dieser Anspruch allerdings noch Gültigkeit hat, ist nach den Parlamentswahlen in Frankreich am 7. Juli 2024 völlig offen. Aber selbst wenn sie ihre Gültigkeit behielten, entspräche dies auch den Ambitionen in Berlin?

Die konkrete Ausformung dieser neuen EU ist keineswegs klar; nicht zuletzt, weil unklar ist, welche und wie viele Mitgliedstaaten dabei mitmachen wollen. Paris setzt deshalb gleichermaßen auf eine flexiblere Entscheidungsfindung innerhalb der EU-Strukturen wie auf Instrumente außerhalb. Um Fähigkeiten zu schneller militärischer Einsatzbereitschaft auszubauen, möchte Frankreich die Entscheidungsfindung im Rahmen der EU flexibler gestalten. Außen- und Sicherheitspolitik unterliegen nach den Regeln des Vertrags von Lissabon dem Einstimmigkeitsprinzip, von dem nur, wiederum einstimmig, abgewichen werden kann, wenn es darum geht, konkrete Missionen zu gestalten. Diese Möglichkeiten möchte Paris, wie übrigens auch Berlin, künftig stärker nutzen – freilich ohne aufzuzeigen, wie dies konkret erreicht werden soll. EU-Institutionen jedenfalls haben hier nur sehr begrenzte Einflussmöglichkeiten – die Kontrolle bleibt bei den Nationen, die die Entscheidungen zum Handeln treffen müssen. Nach Pariser Auffassung sollten Ad-hoc-Formate mobilisiert werden können, wenn dies erforderlich ist.

Zugleich will Frankreich mit seiner „Europäischen Interventionsinitiative" (E2I) einen zusätzlichen Rahmen schaffen, in dem die teilnehmenden Mitgliedstaaten, darunter auch Deutschland, verstärkt im Hinblick auf militärische Interventionsfähigkeiten zusammenarbeiten können. Außerdem soll sie als „Schmelztiegel" für eine „gemeinsame strategische Kultur" dienen. Denn die europäischen Streitkräfte unterliegen ja jeweils national unterschiedlichen Regeln und Traditionen, die nicht nur ihr Selbstverständnis prägen, sondern auch ihre Handlungs- und Kooperationsfähigkeit.

Auch 75 Jahre gemeinsamer Erfahrung im NATO-Bündnis für viele EU-Staaten haben ja nicht zu einer Verschmelzung ihrer Streitkräfte geführt. Politisch, historisch, geografisch und ökonomisch geprägte nationale Eigenheiten bleiben bestehen. Je größer freilich die gegenseitige Abhängigkeit der europäischen Streitkräfte in Bezug auf ihre tatsächliche Einsatzfähigkeit wird, insbesondere in einem Kontext politisch gewünschter „strategischer Autonomie", umso stärker wird die Notwendigkeit, ihre „strategischen Kulturen" einander anzunähern. Da dies nicht automatisch passiert, wäre eine bewusst entwickelte Annäherung der nationalen Entscheidungs- und Kontrollstrukturen, aber auch der Ausbildung zu organisieren. Daran wäre gemeinsam zu arbeiten.

Bleibt die Frage, welcher Art die gemeinsame strategische Kultur sein kann – eine interventionistische, wie der konzeptionelle Zusammenhang mit der Interventionsinitiative nahezulegen scheint? Oder eine defensive, wie sie die gemeinsame Abwehr eines militärischen Angriffs in Europa erfordert? Schließt das eine das andere aus? Lassen sich unterschiedliche Anforderungen arbeitsteilig organisieren? Auch diese Frage verbirgt sich hinter den Forderungen nach einer Verstärkung der strategischen Autonomie Europas.

Zentrale Voraussetzung für eine europäische Handlungsfähigkeit ist aus Pariser Sicht zudem eine eigene starke Rüstungsindustrie auf höchstem technologischem Niveau. So soll sichergestellt werden, dass der europäische Akteur, wer immer es sein mag, über modernste Militärtechnik verfügen kann, ohne von anderen, insbesondere den USA, abhängig zu sein. Denn die Verfügbarkeit speziell sensibler Militärtechnologie unterliegt immer politischen Einschränkungen durch die Nation, in der das betreffende Unternehmen ansässig ist; das gilt auch unter verbündeten Nationen. Die USA etwa behalten sich selbstverständlich die Kontrolle bei der Weitergabe ihrer Militärtechnologie vor.

So hat Frankreich seine Rüstungsindustrie schon immer als eine „strategische Industrie" betrachtet, die den Interessen der Nation zu dienen habe. Nicht einfach eine Industrie wie andere, die ihrem durchaus internationalen Geschäftsmodell folgen, sondern eine Industrie, die es der politischen Führung erlaubt, in der Beherrschung sicherheitsrelevanter Hochtechnologie und der Kontrolle strategischer Kommunikation nicht von anderen Nationen abhängig zu sein.

Lange waren die großen Rüstungsbetriebe in Frankreich deshalb in staatlichem Eigentum. Inzwischen ist dies nicht mehr der Fall, aber der Staat erhebt selbstverständlich den Anspruch, ein gewichtiges Wort in der Industrie mitzureden. Das Führungspersonal von Staat und Rüstungsindustrie ist eng vernetzt. Zugleich ist offensichtlich, dass die nationale Industrie auch hier nicht mehr in der Lage ist, allein die für globale Handlungsfähigkeit notwendigen Investitionen zu tätigen bzw. einen nur begrenzten nationalen Markt zu bedienen. Die Forderung nach Förderung einer „Europäischen Industriebasis für Verteidigungstechnologie" steht deshalb im Zentrum der angestrebten europäischen strategischen Autonomie.

Dies steht jedoch in Widerspruch zu einer nicht zuletzt in Berlin vertretenen Position, die auf schnelle und kostengünstige moderne Ausrüstung der Streitkräfte dringt, die am besten dadurch zu erreichen sei, dass man sich dessen bediene, „was auf dem Markt ist". Das betrifft im Wesentlichen, was die demokratische Welt des „Westens" angeht, vor allem Produkte der US-amerikanischen, aber auch der britischen oder israelischen Rüstungsindustrie, die den großen Markt der Weltmacht USA und der meisten ihrer Verbündeten bedienen. Bei den Vorstellungen in Paris geht es also nicht nur um das Prinzip, eine politische strategische Kontrolle der Europäer über modernste Rüstungstechnologie sicherzustellen, es geht auch um Industriepolitik und die Konsolidierung der eigenen Rüstungsindustrie.

Diese Industrie ist einerseits höchst leistungsfähig, steht aber andererseits in scharfer Konkurrenz zu der global ausgerichteten privaten angelsächsischen Rüstungsindustrie, die freilich auch von staatlicher Unterstützung und Protektion profitiert. Zur Not wird dann in Washington eben die Sorge um „nationale Sicherheit" bemüht, wenn die einschlägigen Unternehmen nicht im Interesse der politischen Vorgaben handeln. Und Frankreichs Rüstungsindustrie steht auch in Konkurrenz zu den deutschen Partnern, die einerseits oft ebenfalls global ausgerichtet (zum Teil mit US- und britischen Firmen verbunden), andererseits aber für die Schaffung eines global wettbewerbsfähigen europäischen Rüstungsindustriekerns unerlässlich sind. Hier stoßen Industriekulturen aufeinander, die schon seit Jahren für politische Missverständnisse und Missstimmung, ja auch Misstrauen sorgen.

Die großen Ambitionen Frankreichs, in der künftigen geostrategischen Lage sicherzustellen, dass die Europäer ein ernst zu nehmender geopolitischer Akteur mit „strategischer Autonomie" sein bzw. bleiben können, werfen also zwangsläufig grundsätzliche Fragen auf, die sich um die künftige Gestalt der EU stellen: Soll sie ein solcher Akteur sein bzw. werden? Nach welchen Regeln soll sie dann funktionieren – nach supranationalen oder internationalen? In diesen fundamentalen Fragen ist die Berliner Stimme nur mit Mühe zu vernehmen – trotz mutiger Formulierungen im Koalitionsvertrag, die aber ohne Folgen bleiben („europäischer Bundesstaat"), oder als bedeutungsvoll angekündigte Reden des Kanzlers, die jedoch inkohärent bleiben (Prager Rede).

Schlüsselrolle für die NATO

Frankreich bekräftigt zugleich die Schlüsselrolle der NATO für die Verteidigung Europas. Es beansprucht für sich selbst eine „besonderen Platz" im Bündnis, den es auch in Zukunft einzunehmen gedenkt. Dieser „besondere Platz" ergibt sich zum einen aus der Sonderrolle Frankreichs in Bezug auf die nukleare Abschreckung, zum andern aus seiner Stellung als Vetomacht im UN-Sicherheitsrat, einer Stellung, die freilich auch die Bündnispartner USA und Großbritannien einnehmen. In diesem Bunde der „P5" ist Frankreich jetzt nun mal das einzige EU-Land, auch wenn Deutschland gern dazugehören würde.

Frankreich will ein „beispielhafter Verbündeter im euro-atlantischen Raum" sein, für dessen Sicherheit die transatlantische Verbindung, das Bündnis mit den USA und Kanada, „von entscheidender Bedeutung" ist. Es gibt also kein Zaudern, kein Zögern, was die Allianz mit den USA angeht, deren ältester Verbündeter Frankreich im Übrigen ist, das die amerikanischen Kolonien schon bei ihrem Kampf um Unabhängigkeit von Großbritannien unterstützte. Allerdings gibt es Gesprächsbedarf über die Rolle, die die USA in Europa und für seine Sicherheit spielen sollen.

Russlands Krieg gegen die Ukraine zeigt einerseits, dass Europas Sicherheit ohne die USA nicht zu gewährleisten ist. Die USA tragen nicht nur das meiste an militärischer und materieller Unterstützung der Ukraine bei, die unmittelbaren Nachbarn Russlands trauen auch nur dem Alliierten aus Amerika zu, der russischen Militärmacht Paroli zu bieten. Nicht zuletzt deshalb ist das ehemals neutrale Finnland mit seiner langen Grenze zu Russland inzwischen Mitglied der NATO. Auch das jahrhundertelang neutrale Schweden ist dem Bündnis beigetreten. Und auch in Paris zweifelt niemand daran, dass die Ukraine ohne Hilfe der USA längst besiegt wäre; die Hilfe aus Europa allein hätte nicht gereicht.

Andererseits sehen die Strategen in Paris, dass für die USA der geostrategisch wichtigste Gegner der Weltmachtkonkurrent China bleibt, nicht Russland, auch wenn der Herr im Kreml sich gern auf Augenhöhe mit dem Präsidenten im Weißen Haus sieht (was freilich ausschließlich für die Zahl der Atomwaffen gilt, für nichts sonst). Und so widerspricht es dem Pariser Bekenntnis zur NATO-Allianz keineswegs, wenn Frankreich künftig mehr Interessendivergenzen innerhalb des Bündnisses sieht, die mit der veränderten Weltmachtrolle der USA und deren Prioritäten zu tun haben, die nicht länger, wie in der „guten alten Zeit" des Kalten Krieges, mehr oder weniger automatisch mit denen der Europäer identisch sind.

So will Paris die treibende Kraft bei der Neugestaltung des Verhältnisses zwischen der EU und der NATO sein. Das bedeutet: Konzentration der NATO auf ihre Hauptaufgabe, die Beistandspflicht im euro-atlantischen Raum nach Art. 5 des NATO-Vertrags. Das schließt ein aktives Engagement Frankreichs in den militärischen Strukturen und den Operationen der NATO sowie vor allem eine Stärkung an der Ostflanke ein. Es bedeutet weiterhin die Förderung eines starken „europäischen Pfeilers" im Bündnis, für den wiederum die Stärkung genuin europäischer Kapazitäten, militärischer wie industrieller, entscheidend ist (s. o.). Und es bedeutet, dass Frankreich bei seiner Sonderrolle in der nuklearen Abschreckung bleibt –

abseits der nuklearen Abschreckung durch die NATO, aber durchaus bereit, über eine europäische Dimension der nuklearen Abschreckung durch Frankreich zu sprechen.

Gerade in dieser Frage stecken nicht nur die üblicherweise diskutierten Probleme einer Sonderrolle, sondern auch Möglichkeiten, die es auszuloten gilt. Zum einen gibt es auf dem Gebiet der nuklearen Bewaffnung durchaus eine ziemlich starke, jeweils bilaterale technische Kooperation Frankreichs mit den USA und Großbritannien. Gerade das Lancaster-House-Abkommen zwischen Paris und London von 2010 über militärische Zusammenarbeit hat für Frankreich großen Wert durch die Vereinbarungen über Zusammenarbeit im Bereich der Atomwaffen. Es spricht nur niemand gern darüber. Zum anderen hat Präsident Emmanuel Macron ja angedeutet, dass Paris bereit sei, darüber zu sprechen, wie die nationalen Kapazitäten atomarer Abschreckung europäischer Sicherheit dienen könnten.

Das ist noch nichts Konkretes. Aber es zeigt, dass auch in und mit Paris über nukleare Abschreckung gesprochen werden kann. In einer Zeit, in der die bestehenden Rüstungskontrollabkommen, auch im Bereich der Atomwaffen, ignoriert, gebrochen oder beendet werden, Moskau der NATO mit dem Einsatz von Atomwaffen droht, China eine Einschränkung seiner Atomrüstung durch internationale Abkommen ablehnt, Regime wie in Teheran und Pjöngjang an der Entwicklung eigener Atomwaffen arbeiten – in einer solchen Zeit erhält auch im Westen die Frage der atomaren Abschreckung neue Relevanz. Der Traum einer atomwaffenfreien Welt bleibt wohl ein Traum, auch wenn 2009 selbst US-Präsident Barack Obama vorgab, ihn zu träumen. Frankreich mit seiner nationalen Minimalabschreckung gehört zu den wenigen demokratischen Atomwaffenmächten, die mit der Atommacht USA kooperieren und in der NATO verbündet sind. Und möglicherweise erfordert eine Abkehr der USA von grundlegenden NATO-Verpflichtungen, wie sie der Präsidentschaftskandidat und Ex-Präsident Donald Trump in seinem Vorwahlkampf in den Raum gestellt hat, dass sich die Europäer tatsächlich auf ein Gespräch mit Frankreich (und Großbritannien) verständigen. Erste Forderungen in diesem Sinne wurden jedenfalls jetzt in Deutschland schon laut.

Das Bekenntnis Frankreichs zur NATO ist mit der Vorstellung verknüpft, dass auch das Bündnis sich neu ausrichten muss. Die Rolle der USA gehört dabei ebenso auf den Prüfstand wie das Verhältnis des Bündnisses zur EU und deren Fähigkeit, europäische Interessen zur Geltung zu bringen – innerhalb der Allianz und im neuen Spiel der Weltmächte. Für eine ambitiöse Weltpolitik ist Frankreich, wie alle anderen – auch die größeren europäischen Mächte – nicht stark genug. Ambitionen aufzugeben ist für Paris auch keine Option. Es braucht Partner – auch und gerade bei der Gestaltung der Organisationen –, über die noch Einfluss ausgeübt werden kann. Bei allen Divergenzen, Zweifeln, Ärgernissen – Frankreichs Wunschpartner ist und bleibt Deutschland. Aber gilt das auch umgekehrt?

Strategische Überlegungen der engsten Partner verstehen

In diesen Zeiten des strategischen Umbruchs, die noch nicht vorüber sind, kommt es darauf an, die strategischen Überlegungen der engsten Partner zu verstehen, einzuordnen, und dann mit ihnen gemeinsam an einer Neuordnung der gemeinsamen Organisationen zu arbeiten. Das neue „Strategische Konzept" der NATO und der „Strategische Kompass" der EU, beide aus dem Jahr 2022, können diese Neuordnung – wie schon beschrieben – nicht leisten. Sie fußen noch auf Überlegungen der vergangenen Epoche und konnten erst in letzter Minute Überlegungen einschließen, die Russlands Krieg in der Ukraine erzwingt. Sie nehmen außerdem zwar Bezug aufeinander, sind aber nicht wirklich aufeinander abgestimmt.

Es ist also leichter gesagt als getan. Insbesondere ist darauf zu achten, dass die Regierungen sowohl die in Demokratien notwendige Unterstützung der politischen Parteien und der Öffentlichkeit im Auge behalten, als auch die für PR-Zwecke geschaffenen rein positiven „Narrative" in ihren komplizierten Diskussionen auf Arbeitsebene hinter sich lassen und sich auf die konkreten Probleme bei streitigen Themen konzentrieren.

Davon gibt es zwischen Deutschland und Frankreich viele. Angefangen bei der Einbettung der Sicherheitspolitik in das „westliche Bündnis" (Deutschland) oder in eine global ausgerichtete, in „strategisch autonomen" Partnerschaften organisierte Politik (Frankreich) über die Einschätzung der Rolle der USA für die Sicherheit Europas bis hin zum Rollenverständnis in Blick auf die EU – die Positionen, die in Paris und Berlin entwickelt und diskutiert werden, passen noch nicht zusammen. Die vertragliche Verpflichtung zum Konsens allein (Art. 3 Aachener Vertrag) schafft noch keinen Konsens.

Noch besteht ein Dilemma: Für die Umsetzung seiner strategischen Vorstellungen setzt Paris in großem Maße auf Deutschland, obwohl die Zögerlichkeit in Berlin wie auch die starke Affinität seiner sicherheitspolitischen Klasse zu den USA bekannt ist. Deshalb wird Paris nicht müde, sein festes Engagement für die NATO sowie das Bündnis mit den USA zu bekräftigen und dabei dafür zu werben, dass dies angesichts der geopolitischen Lage eine strategische Handlungsautonomie der Europäer nicht ausschließen darf. Und es wird nicht müde zu betonen, dass die Sicherstellung der materiellen, d. h. technologischen und industriellen Voraussetzungen für militärische Handlungsautonomie von größter Bedeutung ist.

Für beides, eine Neuausrichtung der NATO mit starkem „europäischem Pfeiler", der auch zu eigenem „autonomen" Handeln fähig ist, und die Weiterentwicklung der EU hin zu dem geopolitischen Akteur, der dies leisten soll und dank leistungsfähiger europäischer Rüstungsindustrie auch kann, benötigt Paris die aktive Unterstützung aus Berlin. Aber sind diese Vorstellungen mit den deutschen kompatibel, wenn Berlin weiter vor allem auf den Schulterschluss mit der NATO-Führungsmacht USA setzt und der EU keine weitergehende eigene sicherheitspolitische Kompetenz geben will? Und lässt sich eine solche Neuausrichtung überhaupt betreiben, wenn das bisher geltende Grundverständnis einer engen und besonderen deutsch-französischen Partnerschaft nicht länger bestehen sollte?

Darüber wird zu reden sein, wenn die Neugestaltung einer europäischen Friedensordnung nach dem Ende des russischen Krieges in der Ukraine auf der Tagesordnung steht.

4.2 PARTNER USA – TRANSATLANTISCH ODER INDO-PAZIFISCH?

Anders als das enge, vielfältige, auch historisch geprägte Verhältnis zu Frankreich ist das Bündnis und die Partnerschaft mit den USA für Deutschland die Grundlage seiner Sicherheits- und Verteidigungspolitik schlechthin, seit es eine solche Politik wieder betreiben kann, also seit dem 5. Mai 1955, als der westliche Teil, die Bundesrepublik Deutschland, ihre volle Souveränität erhielt und gleichzeitig der NATO beitrat. In diesem Rahmen blieb auch die Politik einer souveränen Bundesrepublik (nur zehn Jahre nach dem Ende des Zweiten Weltkriegs!) in das von den USA geführte Bündnis eingebunden (Lord Ismay, erster NATO-Generalsekretär, zur Rolle der NATO: „Keep the Russians out, the Americans in, and the Germans down"), während die vier Siegermächte des Zweiten Weltkriegs noch einige Rechte „in Bezug auf Deutschland als Ganzes" behielten und erst am 12. September 1990 im „Zwei-plus-Vier-Vertrag" endgültig an das vereinigte und demokratische Deutschland abtraten.

Die Beziehungen Deutschlands, besonders der frühen Bundesrepublik, zu den USA waren immer etwas Besonderes. Die USA, das war, anders als Frankreich oder Großbritannien, die Siegermacht des Zweiten Weltkriegs, die den besiegten Deutschen CARE-Pakete ins zerstörte und verarmte Land schickte. Das war die Siegermacht, die dem besiegten Deutschland mit dem Marshallplan wirtschaftlich auf die Beine half und es beim Aufbau der Demokratie tatkräftig unterstützte. Das war die Siegermacht, deren Besatzungssoldaten nicht aus einem Land kamen, das, wie Frankreich, von der jahrelangen Besatzung durch Deutsche oder das, wie Großbritannien, von seinem Kampf ums Überleben geprägt war; die GIs kamen von weit her und wurden von vielen Deutschen durchaus als Befreier gesehen. Die USA, das war die Siegermacht, an deren Seite akzeptiert zu sein so etwas wie ein Ritterschlag für die besiegte und gedemütigte Nation war.

Das Verhältnis der Deutschen zu den USA war also geprägt von einer gewissen Art von Dankbarkeit nach diesem schrecklichen Krieg und dem „Zusammenbruch", wie das Kriegsende genannt wurde; Dankbarkeit dafür, endlich gemeinsam mit dem mächtigsten Land der Welt auf der richtigen Seite der Geschichte zu stehen und nicht, wie die „armen Brüder und Schwestern" im von der Sowjetunion besetzten Teil Deutschlands, der späteren DDR, hinter dem „Eisernen Vorhang" zu bleiben; Dankbarkeit auch dafür, dass sich eine Mehrheit der Deutschen nun im Schoße der westlichen

Demokratien akzeptiert fühlen und am westlichen Wirtschaftswunder teilhaben konnte. Dazu kam der Wunsch vieler, diesem „Land der unbegrenzten Möglichkeiten" mit seinen freundlichen Menschen nachzueifern: die USA als Land der Sehnsucht – wenn auch nicht für alle. Menschen aus dem linken, dem antikapitalistischen Lager, pflegten und pflegen einen durchaus ausgeprägten Antiamerikanismus. Die Beziehungen der Deutschen zu den USA jedenfalls hatten immer und haben noch heute eine besondere emotionale Dimension, die nicht außer Acht gelassen werden darf und die sich von der zu den europäischen Nachbarn, insbesondere zu Frankreich, unterscheidet.

Hinzu kommt, dass sich die diplomatische und militärische Elite, die für die zunächst nur westdeutsche Politik nach den dunklen (braunen) Jahren der Nazi-Diktatur Verantwortung trug und – soweit sie nicht selbst durch eine Tätigkeit für das Regime diskreditiert war – an den westlichen Vorbildern vor allem amerikanischer Prägung ausrichtete. Besonders die neuen Streitkräfte, die Bundeswehr, waren von Anfang an NATO-integriert und sozialisiert, und zwar in einer NATO, die in den Zeiten des Kalten Krieges und der „Vorneverteidigung" gegen den von Moskau geführten Warschauer Pakt im geteilten Deutschland eindeutig und unwidersprochen von den USA geführt wurde. Unter dieser Führung hatte sich die deutsche Außen- und Sicherheitspolitik gern eingerichtet – ihr zu folgen war nicht schwer, auch nicht anrüchig, sondern gab Halt.

Die USA waren es auch, deren Gewicht den Ausschlag für die nach den Revolutionen in Mittel- und Osteuropa 1989 möglich gewordene Wiedervereinigung mit dem zum sowjetischen Machtbereich gehörenden Teil Deutschlands gab. Nur der enge Schulterschluss zwischen Washington und Bonn konnte die damals kooperationsbereite Führung in Moskau davon überzeugen, die Kontrolle über ihren Teil Deutschlands, die DDR, aufzugeben. Danach, noch vor der Wiederherstellung der deutschen Einheit am 3. Oktober 1990, bot der damalige US-Präsident George H. W. Bush – der „Ältere" – bei seinem Besuch im Mai 1989 in Deutschland diesem sogar an, „Partners in Leadership" zu werden – ein Angebot, das in den damals aufkommenden Wirren und Kriegen im zerfallenden Jugoslawien unterging.

Festzuhalten bleibt, dass das Verhältnis zwischen Deutschland und den USA immer ein enges, aber im Gegensatz zu Frankreich hierarchisch geordnetes Verhältnis war. Es war immer klar, wer Führungsmacht ist und wer nicht. Der von der Führungsmacht USA gesteckte und von den NATO-Alliierten in Maßen mitbestimmte Rahmen wurde und wird in Berlin nicht infrage gestellt. Es stellt sich aber sehr wohl jetzt die Frage, wie weit die Kraft dieser Führungsmacht heute und in Zukunft reicht bzw. reichen soll; welche Bedeutung dieser Führung zukommt oder zukommen soll; ob die beiderseitigen Interessen noch so übereinstimmen, dass die gemeinsame Wahrnehmung unter den gegebenen Prämissen erfolgreich sein kann.

Auch wenn eine Emanzipierung Deutschlands und/oder Europas von der Führungsmacht angezeigt ist, bleibt es hilfreich zu wissen, was die Führungsmacht will. Denn angesichts ihrer schieren Größe, ihrer Ressourcen und Kapazitäten, werden die USA die Führungsmacht der demokratischen Welt des „Westens" bleiben. Doch welche Rollenverteilung ist vorstellbar bzw. wünschenswert? Was erwartet die Führungsmacht von Europa, von Deutschland, außer Gefolgschaft?

Die strategischen Herausforderungen für die Weltmacht

Zuerst aber bleibt festzuhalten: Die USA sind eine Weltmacht. Das ist eine Binse. Aber sie erinnert daran, dass sich die Konzipierung und die Ausführung US-amerikanischer Außen- und Sicherheitspolitik an den Maßstäben globaler Machtausübung orientiert – und an nichts sonst. Die jüngste Nationale Sicherheitsstrategie des Weißen Hauses vom Oktober 2022 bestätigt ausdrücklich gleich zu Anfang: „Auf der ganzen Welt ist die Notwendigkeit amerikanischer Führung so groß wie nie zuvor." Und wo von „strategischen Herausforderungen" für Washington die Rede ist, benennen die Strategen zwei: der neue „geopolitische Wettbewerb zwischen Großmächten" und ihrem Anspruch, ihre Vorstellung, ihre Vision von Weltordnung durchzusetzen, sowie die Notwendigkeit zu weltweiter Kooperation, um die Probleme wie Klimawandel, Nahrungsmittelversorgung, Energieversorgung, Terrorismus etc. zu lösen, die keine territorialen Grenzen kennen. Dies ist der Anspruch der Weltmacht – „in diesem für Amerika und für die Welt entscheidenden Jahrzehnt" den Wettbewerb gegen die Mächte zu gewinnen, die eine „dunkle Vision" der Weltordnung bieten und alles daran setzen, „unsere Interessen zu gefährden", und zugleich die „stärkste und breitest mögliche Koalition von Nationen zu bilden, die miteinander kooperieren wollen".

Doch was ist der ausformulierte Anspruch der Weltmacht angesichts der Wirklichkeit? Als am 7. Oktober 2023 die palästinensischen Hamas-Terroristen einen präzise geplanten Anschlag in Israel mit Hunderten von Toten und Verletzten verübten, über 200 Menschen als Geiseln in die unterirdischen Tunnel des Gazastreifens verschleppten und Israel in einen Verteidigungskrieg zur „Vernichtung" der Hamas eintrat, gerieten die ausbuchstabierten Prioritäten der Weltmacht schnell durcheinander. Sie hat auch im Nahen

Osten erhebliche Interessen, zumal gegenüber Israel, zu dessen Schutz sich die USA verpflichtet haben. In diesem hochgerüsteten Pulverfass waren die USA einst Schutzmacht, aber nicht nur für Israel, sondern auch für die meisten arabischen Staaten, vor allem Saudi-Arabien. Wie aber soll die Welt- und Schutzmacht nun verhindern, was nicht in ihrem Interesse ist, nämlich dass der schon brutal geführte Krieg im Gazastreifen auf andere Gebiete, gar auf die gesamte Region übergreift und andere Großmächte einbezieht? Und wo sind die Verbündeten, die die USA dabei unterstützen, wo schon die politischen Führungen in Washington und Jerusalem Probleme miteinander haben bei der Diskussion, wie dieser Krieg geführt und beendet werden könnte? Was bedeutet es nun, Weltmacht zu sein? Vor allem wohl, auch kurzfristig in unvorhergesehenen Situationen der Gefahr handlungsfähig zu sein. Das lässt sich selten planen. Es erfordert vielmehr die Fähigkeit, Führung auch zuverlässig ausüben zu können.

Die Strategen in Washington haben recht, wenn sie keinen Zweifel daran aufkommen lassen wollen, dass in diesem „entscheidenden Jahrzehnt" das Risiko von Konflikten zwischen den Großmächten noch steigen wird. Aber werden sie auch recht haben mit der Behauptung, die USA würden dabei die führende Weltmacht bleiben? Diese Zuversicht stützen sie ausdrücklich darauf, dass sich Washington in seiner globalen Führungsrolle auf seine „Alliierten und Partner" stützen kann, „die erheblich zu unserer Stärke beitragen". Wie fragil diese Unterstützung aber sein kann, wird gerade deutlich. Und zugleich stellt das Weiße Haus fest, dass noch eine weitere Bedingung erfüllt sein muss, zumal in einer Demokratie: Die Stärke und Glaubwürdigkeit seiner Führung in der Welt hängt auch „von der Qualität unserer Demokratie zu Hause" ab. Und darum ist es im Wahlkampfjahr 2024 nicht gut bestellt.

Diese Aussagen bedeuten nichts anderes, als dass die USA selbstverständlich davon ausgehen, dass sie diesen globalen Wettbewerb der Großmächte gewinnen, also die führende Weltmacht bleiben werden; dass ihre Alliierten und Freunde dafür wichtig sind und deshalb an ihrer Seite stehen sollen; und dass die Unterstützung „zu Hause" für diesen Wettbewerb nicht schwächeln darf, also „bipartisan" – parteiübergreifend – sein soll. Gewiss eine Anspielung des Demokraten Joe Biden auf das polarisierende Auftreten seines Vorgängers, des Republikaners Donald Trump, der sich anschickt, sein Nachfolger werden zu wollen. Dieser freilich hat die Weltmacht-Rolle der USA in seiner Amtszeit (2017–2021) ganz anders definiert und praktiziert.

Unabhängig von diesem parteipolitischen oder sogar rein persönlichen Aspekt der US-Politik stellen die US-Sicherheitsstrategen klar, dass die größten strategischen Herausforderungen von „autoritären Mächten mit revisionistischer Außenpolitik" kommen. Das sind, explizit, China und Russland. Während Russland mit seinem Angriffskrieg gegen die Ukraine als „unmittelbare Gefahr" für das internationale System dargestellt wird, „ist die Volksrepublik China, im Gegensatz dazu, der einzige Wettbewerber, der sowohl die Absicht hegt, die internationale Ordnung zu verändern, als auch zunehmend über die wirtschaftliche, diplomatische, militärische und technologische Macht verfügt, diese Absicht zu verwirklichen".

Und so steht dann am Anfang der Strategie der Anspruch, die „internationale Ordnung aktiv so zu formen", dass sie „auf einer Linie mit unseren Interessen und Werten" liegt. Diesem Ziel haben auch „unseren Allianzen und Partnerschaften in der Welt" zu dienen. Und in diesem Zusammenhang ist China „der ernsthafteste geopolitische Herausforderer" für die USA. Konsequenterweise steht

China am Anfang „unserer globalen Prioritäten“. China soll im Wettbewerb besiegt, Russland eingehegt werden.

China, der geopolitische „Wettbewerber“, ist aber für Washington nicht nur Gegner, sondern auch potenzieller Partner, denn es ist von „zentraler Bedeutung für die Weltwirtschaft“ und hat große Bedeutung für die für alle gleichen globalen Herausforderungen wie Klimawandel oder Weltgesundheit. Deshalb ist Washington für eine „friedliche Koexistenz“ mit China auf diesen Gebieten offen. Der Wettbewerb mit Peking, der im Übrigen „verantwortungsvoll“ gemanagt werden soll, spielt sich hauptsächlich im indopazifischen Raum ab. Hier liegt eindeutig die erste Priorität der Weltmacht USA.

Russland dagegen stellt eine „unmittelbare und andauernde Gefahr für die regionale Sicherheit in Europa“ dar und gefährdet damit globale Stabilität; ihm fehlen aber die umfangreichen Fähigkeiten, über die China verfügt. Allerdings wirft Washington dem Regime in Moskau vor, eine imperialistische Außenpolitik zu betreiben und damit Kernelemente der internationalen Ordnung zu zerstören. Den Angriffskrieg gegen die Ukraine mit dem Ziel, die dortige Regierung zu stürzen und das Land unter Moskaus Kontrolle zu bringen, sehen die Experten des Weißen Hauses nur als jüngste Steigerung dieser Politik, mit der Russland seit Langem versucht, seine Nachbarn zu destabilisieren und in innerstaatliche Prozesse in vielen Ländern der Welt einzugreifen.

Der Konflikt mit Russland wird nicht als Konflikt zwischen dem „Westen“ und Russland gesehen, sondern als Verletzung grundsätzlicher Prinzipien der UN-Charta. Deshalb hat Washington „die Welt zur Unterstützung des ukrainischen Volkes“ versammelt, das „sein Land tapfer verteidigt“. Dabei werden NATO und EU an vorderster Stelle genannt.

Erwähnung unter den geopolitischen Herausforderungen für die USA findet noch der Iran, der in seinen Nachbarländern interveniert, Raketen und Drohnen (auch an Russland) weitergibt und sein Nuklearprogramm vorantreibt. Im Zusammenhang mit dem Gazakrieg könnte diese Herausforderung jetzt noch erheblich wachsen, zumal das Mullah-Regime in Teheran die diversen arabischen Terrororganisationen (Hamas, Hisbollah, Huthi) großzügig finanziell und logistisch unterstützt, aber zunehmend unter gesellschaftlichen Druck im eigenen Land geraten ist. Auch Nordkorea, das ebenfalls an Nuklear- und Raketenprogrammen arbeitet und die russischen Angreifer in der Ukraine mit Munition versorgt, steht im Fokus der US-Strategen. Schließlich werden auch noch Afrika und die „westliche Hemisphäre", also der amerikanische Kontinent, erwähnt, wo sich Washington weiter engagieren will.

Zur Sicherheitsstrategie der Weltmacht gehört schließlich auch das Angebot zur Kooperation bei der Bewältigung globaler Risiken: Klimawandel und „saubere" Energie, Pandemien und Schutz gegen biologische Kriegführung, sichere Nahrungsmittelversorgung, Rüstungskontrolle und Kampf gegen Terrorismus. Auf all diesen Gebieten sehen die USA Herausforderungen auch für die globale Sicherheit, auf die sich ihr Führungsanspruch bezieht.

Die USA formulieren ihre Sicherheitsstrategie als „integrierte Abschreckung" mit einer eindeutig globalen Orientierung: Wie bei den globalen „Wettbewerbern", also vor allem China, soll die Unterscheidung zwischen militärischen und nichtmilitärischen Bereichen keine Rolle mehr spielen; Gefahren für US-Interessen schaffen die „Wettbewerber" in mehreren Regionen der Welt und auch im Land selbst; Gefahren von den „Wettbewerbern" ist auch unterhalb der Schwelle eines bewaffneten Konflikts zu begegnen;

Sicherheit ist eine Aufgabe für alle Bereiche der US-Regierung; und: Sicherheit ist mit Alliierten und Partnern zu integrieren.

Damit bringt die Führungsmacht USA zum Ausdruck, dass sich ihr Anspruch auf die Gestaltung einer Weltordnung nach demokratischen Maßstäben nur mit Unterstützung ihrer „Alliierten und Partner" verwirklichen lässt. Ist die Allianz dazu bereit? Sind die Vorstellungen der USA in der NATO konsensfähig? Sind dies Vorstellungen, die auch nach den Wahlen vom 5. November 2024 Gültigkeit haben werden? Erheben die USA danach diese Ansprüche noch?

Die Rolle der NATO aus Sicht der USA

Ohne Zweifel gehört die NATO zu dem „einzigartigen Netzwerk von Allianzen und Partnerschaften", das die Stärke US-amerikanischer Führung in der Welt ausmacht. Ja, sie stellt einen Kern dieser Allianzen dar – *einen*, aber nicht *den* Kern. Denn zu diesem Kern gehört aus Washingtoner Sicht natürlich auch der Indopazifik. So preist Washington einerseits die NATO als „stärker und einiger denn je zuvor", zumal wegen des russischen Angriffskriegs gegen die Ukraine jetzt auch die traditionell neutralen Staaten Finnland und Schweden dazugehören. Andererseits werden die Bemühungen um „kreative" Verbindungen zu anderen Partnern wie der AUKUS-Gruppe (Australien, Großbritannien, USA), der Indo-Pacific Quad (USA, Australien, Japan, Indien), dem „Indo-Pacific Economic Framework" (USA und 13 Staaten der Region, darunter Indien und Japan, Indonesien und die Philippinen, Thailand und Vietnam und andere mehr) und der „Americas Partnership for Economic Prosperity" (USA, Kanada und einige, nicht alle Staaten Lateinamerikas) hervorgehoben; auch die Europäische Union wird in diesem Rahmen genannt.

Für Washington liegt eine Priorität darin, „unsere Allianzen im Indopazifik und in Europa" auf neue Weise zu integrieren und neue Formen der Zusammenarbeit zu entwickeln. Denn „den US-Interessen ist am besten gedient, wenn unsere europäischen Alliierten und Partner eine aktive Rolle im Indopazifik spielen, einschließlich des Einsatzes für die Freiheit der Schifffahrt und die Aufrechterhaltung für Frieden und Stabilität in der Straße von Taiwan". Damit wird klar ausgedrückt, dass es zu den strategischen Zielen der Führungsmacht der NATO gehört, die europäischen Bündnispartner mit aktivem Engagement an ihrer Seite in einem möglichen Konflikt um Taiwan zu sehen – in einem Konflikt, von dem führende US-Militärs, aber auch zivile Experten überzeugt sind, dass er früher oder später (eher früher als später) zu einem Krieg der USA mit China führen könnte, das Taiwan als chinesisches Territorium versteht und die „unvermeidliche Wiedervereinigung" zur Not auch mit militärischen Mitteln erreichen will.

Damit beschreiben die Strategen in Washington ein Szenario für ihre Bündnispolitik, vor dem der französische Präsident Emmanuel Macron, ein Bündnispartner, in einem Interview im April 2023 auf dem Rückflug aus Peking ausdrücklich warnte: Europa dürfe sich nicht in Krisen wiederfinden, „die nicht unsere sind." Die Europäer müssten vielmehr die Frage beantworten: „Ist es in unserem Interesse, eine Krise um Taiwan zu schüren? Nein. Das Schlimmste wäre es, wenn die Europäer dächten, sie müssten in dieser Frage zu Gefolgsleuten" der Amerikaner werden.

Aber natürlich spielt die NATO für die USA die entscheidende Rolle bei dem strategischen Ziel, Russland einzuhegen. Trotz jahrelanger Versuche, mit Russland Felder „pragmatischer Kooperation" zu finden, hat Washington festgestellt, dass Russlands Herrscher diese Versuche abweist und dass Wladimir Putin sich nicht ändern wird. Also geht es jetzt „nur" noch darum, Russlands Invasion der Ukraine zu stoppen und dafür die breitest mögliche Koalition von Staaten zusammenzuführen. Mit den Beratungen der „Ukraine Defence Contact Group" auf dem US-Luftwaffenstützpunkt Ramstein unter Vorsitz des US-Verteidigungsministers Lloyd Austin hat Washington die entsprechende Initiative ergriffen, um die Unterstützungsleistungen zu koordinieren, einschließlich all der anderen Staaten – insgesamt über 50 Nationen –, die sich daran beteiligen wollen. In diesem Fall ist die NATO tatsächlich *der* Kern einer Allianz, die die Unterstützung der Ukraine in ihrem Abwehrkampf koordiniert, ohne selbst Kriegspartei zu werden.

Und so versichern die USA in diesem Kontext aufs Neue, dass sie „jeden Zoll des NATO-Territoriums verteidigen und weiterhin die Koalition mit allen Alliierten und Partnern vertiefen werden, um Russland daran zu hindern, der europäischen Sicherheit, seiner Demokratie und seinen Institutionen Schaden zuzufügen". Das klingt entschieden, ist aber auch vage. Es klingt entschieden, weil das Bekenntnis zur Bündnisverteidigung eindeutig ist (was nicht immer der Fall war, s. u.), ergänzt durch die Drohung, dass sich die USA „jedem Versuch Russland widersetzen werden, US-Interessen bzw. seine Infrastruktur oder seine Demokratie zu bedrohen". In diesem Zusammenhang bekräftigt Washington zudem, dass es Russland, wie auch jeder anderen Macht, nicht erlauben werde, seine Ziele mit der Androhung oder dem Einsatz von Atomwaffen durchsetzen zu wollen. Die Versicherung ist zugleich vage, weil sie nur allgemein Bezug auf die NATO nimmt und sich im Übrigen auch auf Aktionen bezieht, die nichts mit militärischem Engagement zu tun haben, und weil die Frage nach einer Rolle der NATO dabei völlig offen ist.

Die NATO, so sind diese Aussagen zu verstehen, ist für Washington eine „Toolbox", ein Werkzeugkasten, aus dem sich die Weltmacht die jeweils für nützlich erachteten Instrumente für die Gefahrenabwehr nimmt. Dazu gehören auch die Möglichkeit und die geübte Praxis, mit „Alliierten und Partnern" Absprachen zu treffen, für die die Einrichtungen und erprobten Verfahren der NATO den praktischen und meist sehr effizienten Rahmen bieten. Aber natürlich stehen die US-Interessen dabei im Vordergrund.

Freilich hat die Glaubwürdigkeit der Wertschätzung in den USA für die NATO schon mehrfach Schaden gelitten. Zuletzt, als US-Präsident Donald Trump das Bündnis 2019 für „obsolet" erklärte und Zweifel daran nährte, ob und wann Art. 5 des NATO-Vertrags, also die Beistandsklausel, Anwendung fände. Die reichen Europäer, insbesondere die Deutschen, sollten für ihre Sicherheit gefälligst selbst bezahlen. Angesichts seiner damals zur Schau gestellten Sympathien für seinen russischen „Kollegen" Putin kam diese Aussage nicht nur bei den NATO-Partnern schlecht an, sondern auch in der Washingtoner „transatlantischen Community". Und jetzt hat derselbe Donald Trump im Vorwahlkampf vor seinen jubelnden Anhängern verkündet, er werde die Europäer nicht verteidigen, die ihren „Beitrag" nicht gezahlt hätten; und er ermuntere Russland sogar dazu, mit denen zu machen, „was zum Teufel es mit denen machen will". Dies hat für zusätzliche Unruhe unter den Alliierten gesorgt.

Für viele Experten auch in den USA war und ist die NATO immer ein besonderes Bündnis gewesen, eine „Wertegemeinschaft" von Staaten mit gemeinsamen demokratischen Werten – natürlich unter der Führung der USA, aber nicht nur eine „Toolbox", die ein US-Präsident einfach für obsolet erklären kann. Da nicht auszuschließen ist, dass Donald Trump nach den Wahlen in den USA am 5. November 2024 Nachfolger seines eigenen Nachfolgers wird, ist die Frage nicht banal, ob die jetzt in der Nationalen Sicherheitsstrategie niedergelegten Prinzipien Bestand haben werden, oder ob die Vertreter des „Make America Great Again" (MAGA – war es das jemals nicht?) die Oberhand gewinnen und den Wert der NATO für die USA zur Disposition stellen. Denn das ist bei all den Präsidentenwechseln der vergangenen Jahrzehnte nicht passiert – die NATO stand für Washington nie zur Disposition. Bis Donald Trump kam und, so wird vermutet, wohl nur von den „Erwachsenen" in seinem Umfeld daran gehindert wurde, das Spielfeld zu verlassen. Das könnte sich ändern, wenn eintritt, worüber im Wahljahr bereits heftig diskutiert wird: In einer zweiten Amtszeit werde Trump sich nur mit Leuten umgeben, die ganz auf seiner Linie sind. „Erwachsene" sind nicht gefragt.

Zur Wahrheit gehört aber auch, dass bereits nach dem Terroranschlag der Islamisten vom 11. September 2001 auf New York und Washington in den USA Zweifel laut wurden, ob denn die NATO noch der geeignete Rahmen für den „Global War on Terror" (GWOT), den Weltkrieg gegen Terror sei, den US-Präsident George W. Bush damals ausgerufen hatte. Daran hatte auch der Beschluss des NATO-Rats vom 12. September 2001 über die Anwendung der Beistandsklausel (Art. 5) nichts geändert, denn dieser Anschlag wurde schnell zum „Paradigmenwechsel" in der internationalen Sicherheitspolitik erklärt, für die das Bündnis nicht mehr der richtige Rahmen sei. George W. Bush zog es damals vor, Wladimir Putin tief in die Augen zu schauen und darin einen wahren Freund zu erkennen, auf den er im Kampf gegen den Terrorismus vertrauen könne. Und am Angriff der USA auf den Irak des Saddam Hussein am 20. März 2003, den Washington als Teil des GWOT begriff, wäre das Bündnis damals fast zerbrochen.

Zehn Jahre nach dem 11. September, im November 2011, vollzog US-Präsident Barack Obama dann den „Pivot to Asia", die Neuorientierung der strategischen Prioritäten der USA auf Asien und den rasch erstarkenden Konkurrenten China. US-Präsident Joe Biden war damals sein Vize. Und der Vorrang der strategischen Interessen der USA im „Indopazifik", d. h. im „Wettbewerb" mit China, prägt ja auch die Nationale Sicherheitsstrategie Joe Bidens (s. o.)

Dieser „Schwenk nach Asien" der USA fiel freilich noch in eine Zeit, in der Obama es sich erlaubte, die USA sowohl beim russischen Vormarsch in Georgien 2008 als auch bei den Militäraktionen in Libyen (2011) und in Syrien (2012 ff.) herauszuhalten. Dagegen sah er die Herausforderung aus China für die USA immer kritischer. So musste und konnte er sich der anderen, der kritischen Region Asien zuwenden. Als dann die Demonstrationen auf dem Kiewer Maidan Ende 2013 gegen die Einflussnahme Moskaus auf die ukrainische Europapolitik mit Gewalt niedergeschlagen werden sollten, zeigten sich dann nicht nur die Außenminister des „Weimarer Dreiecks" Frank-Walter Steinmeier, Laurent Fabius und Radek Sikorski, sondern auch US-Außenminister John Kerry sehr schnell im Land, um ein Signal der Unterstützung für die Demonstrierenden zu setzen.

Dennoch: Der Stellenwert der NATO für die USA unterliegt Schwankungen, mitunter bedeutenden Schwankungen, die auch zu Beziehungskrisen führen können und geführt haben. In dieser Perspektive setzen viele „Transatlantiker" in den USA, für die die engen Beziehungen zu den NATO-Partnern und zur NATO selbst von größter Bedeutung für die US-Sicherheitspolitik sind, auf Deutschland. Die Erwartungen an Berlin sind groß, weil man um den hohen Stellenwert der NATO in der deutschen Sicherheitspolitik weiß und über enge und vertrauensvolle, oft freundschaftliche Verbindungen zu der deutschen Expertenschar verfügt.

Aber welchen Einfluss haben Experten tatsächlich auf die politisch bzw. militärisch Verantwortlichen? Welche Vorstellungen vom strategischen Umbruch der jüngsten Zeit und über die NATO der Zukunft werden jenseits der verabschiedeten Dokumente zwischen Washington und Berlin diskutiert? Welche werden geteilt?

Die USA und Europa

Es gibt dabei noch einen weiteren Aspekt zu bedenken, der nicht zu unterschätzen ist. Das Verhältnis der USA zu Europa ist, obwohl beide derselben „Wertegemeinschaft" des demokratischen Westens angehören, komplizierter als man annehmen möchte. Das liegt nicht so sehr an den genannten Werten, obwohl die nationalen Ausprägungen der Demokratie im Bündnis nicht immer und überall auf Wohlgefallen stoßen. Es liegt vor allem an der Unterschiedlichkeit der Machtstrukturen und am jeweiligen Rollenverständnis, das durch eine beträchtliche Asymmetrie im Machtgefälle bestimmt ist.

Die USA sind eindeutig die Führungsmacht, *eine* Nation mit *einer* Regierung und *einem* Parlament. Europa, das sind, im Rahmen der NATO 30 (plus USA und Kanada), als Europäische Union 27 Nationalstaaten, mit jeweils eigenen Strukturen, Verantwortlichkeiten, Traditionen. Der jüngst verstorbene Henry Kissinger, einst Außenminister der USA, klagte in den 1970er Jahren darüber, dass es auf europäischer Seite nicht die *eine* Telefonnummer gebe, die er im Fall einer schweren Krise anrufen könne, wenn er Hilfe brauche. Eine seiner Nach-Nach-Nachfolgerinnen, Madeleine Albright, mahnte die Europäer dagegen zu Beginn des Jahrtausends, nicht „unnötige Doppelstrukturen" für die Sicherheit Europas zu schaffen. Die von den USA geführte NATO brauche keine Konkurrenz.

Die transatlantische Allianz trug immer und trägt immer noch eine gewisse Ambivalenz in sich: Die USA wollen führen und nur sie können es auch, aber sie wollen ihre Last verringern, weil sie auch noch andere Ambitionen haben; weil sie eine Weltmacht sind. Dafür sollen die Europäer mehr Lasten tragen, eine größere Rolle spielen. Von ihnen verfügen aber nur wenige über die Kapazitäten oder den Anspruch, dies zu tun. Die Europäische Union wäre der gewünschte potente Partner, aber ihre Rolle in der Sicherheits- und Verteidigungspolitik ist umstritten (s. o.); dafür müsste sie sich anders organisieren, wofür es aber keinen Konsens unter den Mitgliedstaaten gibt. Und wenn sie sich anders, nämlich als eigener „geopolitischer Akteur" an der Seite der USA organisieren wollte, stünde der Führungsanspruch der USA infrage; zumindest müssten sich die USA und eine geopolitisch handlungsfähige EU über die Führungsfrage verständigen. Und hier wird es kompliziert.

Für die Strategen in Washington kann es keine Frage geben, dass die nationalen Sicherheitsinteressen ihres Landes im Zentrum ihrer Überlegungen stehen und dass sie, was ihre europäischen „Alliierten und Partner" angeht, von der Lage auszugehen haben, die es gibt: 32 nationale Delegationen in der NATO, in der Konsensprinzip herrscht, und eine Reihe strategischer „Partner" außerhalb des Bündnisses, aber in engem Kontakt mit ihm – etwa die restlichen EU-Mitgliedstaaten oder Partnerstaaten wie die Ukraine und andere Nachfolgestaaten der Sowjetunion.

Die Europäer haben es bis jetzt nicht geschafft, sich untereinander so zu organisieren, dass sie ein potenter Ansprechpartner der amerikanischen Freunde sein können. Vielleicht gefällt es den Regierenden in Washington ja auch besser, es nicht mit einem einzelnen Gegenüber zu tun zu haben, sondern mit mehreren. „Divide et impera" nannten dies die Römer, „teile und herrsche"; nun wollen die USA ja nicht herrschen, nur führen. Aber was heißt das? Nicht jeder der europäischen Partner will sich führen lassen.

Es stellt sich also die Frage, welche Rolle die USA in Europa spielen wollen und wie in der Konsequenz ihr Verhältnis zu diesem Europa zu gestalten ist. Dieselbe Frage stellt sich natürlich für die Europäer auch: Welche Rolle wollen sie den USA in Europa zubilligen und wie wollen sie sich dafür organisieren? Mit der Kumulation der Krisen und Kriege, von denen jetzt die Rede ist, ist es dringender denn je, diese Frage anzupacken.

Hier kommt die Unterschiedlichkeit der Machtstrukturen ins Spiel, die das Verhältnis so kompliziert macht. Dabei geht es nicht um militärische Macht, sondern um die Ausübung politischer Macht, die ja Voraussetzung für Kooperation ist. Die EU ist kein Staat, sondern hat, wenn auch in beträchtlichem Umfang und auf wichtigen Gebieten, zwar eigene, aber nur vertraglich begrenzte Machtkompetenz. Die Sicherheits- und Verteidigungspolitik gehört nicht dazu. Die US-Regierung hat also auf EU-Seite nicht den *einen* kompetenten Ansprechpartner, wenn es um Fragen der Sicherheits- und Verteidigungspolitik geht. Es gibt zwar inzwischen die von Kissinger so vermisste „*eine* Telefonnummer" – die des Hohen Repräsentanten für Außen- und Sicherheitspolitik der EU –, aber von der aus muss immer noch an viele andere Nummern weiterverbunden werden, bevor eine Antwort kommen kann. Dagegen ist die EU ein kompetenter Ansprechpartner, wenn es um Fragen der Handels- und Wirtschaftspolitik geht. In diesem Sinne auch sprach Donald Trump einst davon, dass die „EU unser Feind" sei. In dem Maße, in dem Fragen des Handels und der globalen Wirtschaft in einem sicherheitspolitischen Kontext behandelt werden – und dies geschieht zunehmend (Trump: „Handelskriege sind leicht zu gewinnen"), wird die EU nicht nur zu einem potenten Partner, sondern auch zu einem Konkurrenten, im Extremfall zum Feind.

So sind die sicherheitspolitisch möglicherweise gemeinsamen Interessen der USA und „Europas" nicht mehr gemeinsam, vielleicht sogar gegensätzlich, wenn sie wichtige wirtschafts- und handelspolitische Interessen einschließen. Dass dies zunehmend der Fall ist, stellt die Nationale Sicherheitsstrategie ausdrücklich fest: Ja, der „Wettbewerb um das, was als Nächstes kommt", also um die Zukunft mit den dazu notwendigen Investitionen in die Wirtschaft, in die Infrastruktur, in die technologische Innovation, steht am Anfang der Sicherheitsstrategie. Damit aber stehen die USA zunehmend in einem fundamentalen Gegensatz zu den Interessen der Europäer, die im Rahmen der globalen Wirtschaft in genau demselben Wettbewerb stehen, in den sie, genau wie die USA, massiv investieren wollen. So geht auch das europäische Konzept der „strategischen Autonomie" über die rein sicherheitspolitischen Elemente hinaus und umfasst all das, „was als Nächstes kommt".

Im Zusammenhang mit dem derzeitigen Krieg Russlands gegen die Ukraine funktioniert die Arbeitsteilung zwischen den USA und der EU sehr gut, weil die Absprachen zwischen der US-Regierung, der NATO und der EU-Kommission eng und reibungslos verlaufen, wie die Beteiligten nicht müde werden zu betonen. Denn nicht die NATO, sondern die USA und die EU sind zuständig für die Verhängung von Sanktionen gegen den russischen Aggressor sowie für deren Umsetzung. Im Rahmen der NATO kann die militärische Unterstützung koordiniert werden. Aber was wird, wenn eine Regierung Trump II entscheidet, sie könne den Krieg mit einem Deal mit Putin rasch beenden? Sie brauche die NATO nicht mehr (obsolet)? Sie müsse sich gegen die EU schützen (unser Feind)?

Das Verhältnis zwischen den USA und Europa ist dabei, sich grundlegend zu ändern, weil sich sowohl die Aufgaben in diesem Verhältnis als auch die Instrumente, die für die Lösung der Aufgaben nötig sind, verändert haben. Für die USA bedeutet das, dass sie ein Verständnis ihrer Führungsrolle entwickeln müssen, das mit den Gestaltungsansprüchen der Europäer kompatibel ist. Und die Europäer müssen gemeinsame Gestaltungsansprüche konkret entwickeln, damit sie sich im neuen Wettbewerb der Großmächte nicht als bloße Erfüllungsgehilfen wiederfinden. Dafür ist ein neues Verständnis der Rolle der USA in Europa unabdingbar. Verständnis kann freilich nur bei denjenigen entstehen, die verstehen wollen und die wollen, dass sie verstanden werden.

Die Kernfrage, der sich die deutsche Politik stellen muss, lautet: Sind die USA noch der vertraute, verlässliche Partner einer soliden und handlungsfähigen westlichen Wertegemeinschaft oder verlangt die Führungsmacht in Washington schlicht nur Gefolgschaft, wie es der damalige Vizepräsident Mike Pence bei der Münchner Sicherheitskonferenz 2020 forderte? Müssen die Europäer, um nicht bloße Erfüllungsgehilfen der USA zu sein, nach „strategischer Autonomie" streben, wie es die Freunde in Paris fordern? Die Fragen liegen seit Langem auf dem Tisch. Die Verantwortlichen in Berlin sollten schon längst über Antworten nachdenken, und wenn sie es bereits getan haben oder gerade tun, auch darüber reden.

4.3 IDEEN FÜR DEUTSCHLAND?

Unmittelbar nach dem Beginn des Angriffs Russlands auf die Ukraine rief Bundeskanzler Olaf Scholz am 27. Februar 2022 im Bundestag die „Zeitenwende" aus und brachte einen kreditfinanzierten Sonderfonds, „Sondervermögen" genannt, in Höhe von 100 Milliarden Euro über fünf Jahre auf den Weg, mit dem die größten Schwachstellen der Bundeswehr beseitigt werden sollen. Diese Zeitenwende steht auch am Anfang der ersten jemals verfassten „Nationalen Sicherheitsstrategie" Deutschlands, die im Juni 2023 veröffentlicht wurde. Ein Umdenken hat offenbar stattgefunden und den Sinn für Gefahren für die Sicherheit sowie den Wert tatsächlicher, konkreter Verteidigungsfähigkeit (Verteidigungsminister Pistorius spricht von Kriegstüchtigkeit) geschärft.

Nun stellt sich die Frage: Sind die Ideen, die in Berlin im Kontext der „Zeitenwende" für die „Nationale Sicherheitsstrategie" entwickelt wurden, kompatibel mit denen, die Deutschlands engste Freunde und Verbündete vorgelegt haben? Passen die Ambitionen, die Vorstellungen der gemeinsamen Zukunft zusammen?

„Nationale Sicherheitsstrategie" und „Verteidigungspolitische Richtlinien Deutschlands", veröffentlicht im Juni bzw. November 2023, sind prinzipiell defensiv und europabezogen, obwohl die Wirtschaftsmacht Deutschland ihre Einbindung in die Weltwirtschaft natürlich nicht ignoriert. In diesem Zusammenhang ist dann von „Multipolarität" die Rede, für die China eine wichtige Rolle zukommt, als „Partner, Wettbewerber und systemischer Gegner". Aber der übergeordnete Leitfaden lautet: „In einem vereinten Europa dem Frieden der Welt dienen", zitiert aus der Präambel des Grundgesetzes, also mit höchsten Weihen versehen. Daraus wird bereits eine spezifisch deutsche Perspektive sichtbar, eine zugleich grundsätzliche und zurückhaltende, die nicht notwendigerweise in der praktischen Ausgestaltung der Außen- und Sicherheitspolitik, wohl aber in den dabei zu führenden Diskursen eine Rolle spielt.

Die „tiefe Freundschaft mit Frankreich" und die „feste Verwurzelung in der Allianz" sind die Grundpfeiler des deutschen strategischen Denkens. Das war schon immer so und hat sich mit der Zeitenwende nicht geändert. Allerdings ist zu bedenken, dass die engsten Partner, Frankreich und die USA, die Führungsmacht der Allianz, die Schwerpunkte ihrer Strategien anders setzen. Das ist zunächst nicht ungewöhnlich und auch kein Hinderungsgrund für eine gemeinsame Gestaltung der Zukunft. Allerdings müssen zum Teil erhebliche Unterschiede, ja Differenzen, zur Kenntnis genommen und, wo nötig, beseitigt werden.

So nimmt zum Beispiel die deutsche Politik die mit Russlands Krieg gegen die Ukraine ausgerufene „Zeitenwende" zum Anlass, eine teils radikale Trendwende in ihrer Verteidigungspolitik einzuleiten, Schwachstellen in den Streitkräften möglichst rasch auszugleichen und die knappen Ressourcen für militärisches Engagement auf die Bündnis- und Landesverteidigung zu konzentrieren. Das ist zunächst einmal folgerichtig, wenn auch längst überfällig. Sie hat dabei aber durchaus mit politischem Widerstand zu tun, auch in den Reihen der Regierungskoalition, vor allem in der Partei des Kanzlers. Die Trendwende ist nicht unumstritten und die anvisierten Ziele, zum Beispiel bei der Finanzierung der Streitkräfte, keineswegs langfristig gesichert. Der gesteigerten „Multipolarität" will Berlin sich mit einem Konzept der „integrierten Sicherheit" stellen, die „resilient, nachhaltig und gemeinsam" (mit den Partnern) zu gestalten ist. Aber Russland bleibt die größte Bedrohung der Sicherheit, weshalb Berlin erstmals beschließt, eine Kampfbrigade aufzustellen, die permanent im Ausland, jetzt in Litauen, stationiert wird.

Für die französischen Strategen dagegen ist die zunehmende Polarisierung und Konkurrenz der Großmächte um eine Vormachtstellung in der Welt Leitfaden für die weitere Entwicklung ihres Denkens. In diesem Zusammenhang strebt Paris an, seinen Partnern in der Sicherheits- und Verteidigungspolitik einen „hohen Mehr-wert" zu bieten und so zu vermeiden, dass sie, Frankreich und sei-ne (europäischen) Partner, in dieser Weltsituation „marginalisiert oder zur Gefolgschaft genötigt" werden. Die grundlegende Ambi-tion ist offensichtlich eine andere – eine global ausgerichtete und durchaus pro-aktive; eine Ambition, die auf eine aktive Rolle der Europäer im Wettbewerb der Großmächte ausgerichtet ist. Es sei denn, eine neue, nationalistisch geprägte Sicherheits- und Vertei-digungspolitik in Paris fokussiert sich nun allein auf die eigene Nation und lässt jegliche europäische Ambitionen fallen.

Für die USA, die Führungsmacht der nordatlantischen Allianz, ist eindeutig China die größte Herausforderung; China, das über den Willen und die Fähigkeit verfügt, die internationale Ordnung fundamental zu ändern. Diesem „Wettbewerb" wollen sich die USA nicht nur stellen, sondern ihn selbstverständlich gewinnen – mit-hilfe ihres „einzigartigen Netzwerks von Alliierten und Partnern". Russland als Gegner spielt dabei zwar aktuell eine große Rolle, aber eben „nur" für die Sicherheit in Europa, die die USA mithilfe ihrer Alliierten und Partner durch die Unterstützung der angegriffenen Ukraine wiederherzustellen trachten. Diese freilich ist mit einem Fragezeichen versehen, denn wenn am 20. Januar 2025 der Präsident wieder Donald Trump heißt, der bereits verkündet hat, dass er mit Putin innerhalb von 24 Stunden einen „Deal" schließen könne, ist die Existenz einer unabhängigen, vor allem einer demokratischen Ukraine in Gefahr.

Deutschland wird, wie schon immer, hin und her gerissen sein zwischen seiner Bündnistreue, vor allem zu den USA, und der im-mer wieder bekräftigten „tiefen Freundschaft" zu Frankreich so-wie dem ebenfalls ständig wiederholten Bekenntnis zur EU und ihrem geopolitischen Engagement zur Stabilisierung der Nachbarschaft. Es ist offensichtlich, dass die strategischen Konzepte große Unterschiede aufweisen. Besonders nach der „Zeitenwende" hat die Bundesregierung großen Wert darauf gelegt, nur in engem Schulterschluss mit den USA zu handeln. Frankreich dagegen spielt in diesem „Spiel" für Berlin nur eine untergeordnete Rolle. Auch dies könnte sich dramatisch ändern.

Schneller und anders als noch vor wenigen Jahren absehbar, als schon einmal Zweifel am strategischen Konzept des „Westens" aufgekommen war (die Münchner Sicherheitskonferenz 2020 sprach von „Westlessness"), liegt die Frage nach dem Format der NATO und der europäischen Sicherheitsordnung wieder auf dem Tisch. Die Wahl des US-Präsidenten Joe Biden und seines Teams 2020 („America is back") hat nur zeitweise die Illusion erwecken können, nun kehre alles wieder in die gewohnten Bahnen westlicher Einigkeit zurück. Und die solidarische Reaktion auf den russischen Angriffskrieg gegen die Ukraine 2022 hat diese Illusion weiter genährt. Dieser „Westen", in welcher Form auch immer, wird aber nicht daran vorbeikommen, sich neu zu sortieren. Angesichts des neuen globalen Großmachtwettbewerbs, der im Zentrum der strategischen Konzepte der USA wie auch Frankreichs steht, also der beiden engsten Verbündeten Deutschlands, dürfte die Zeit der „strategischen Zurückhaltung" in Berlin endgültig vorbei sein. Dies gilt umso mehr, wenn die Führungen in beiden Ländern, in Frankreich wie in den USA, sich für eine national-souveränistische Sicherheits- und Verteidigungspolitik entscheiden. Deutschland wird in jedem Fall eine entscheidende Rolle spielen müssen und können, wenn es darum geht, eine genuin geopolitische Rolle für Europa zu entwickeln, die dafür notwendigen Strukturen und Regeln zu schaffen und eine enge Kooperation mit den USA (und Kanada) zu organisieren. Am Ende könnten, nein, sollten eine NATO und eine EU stehen, die sich von den jetzigen Organisationen spürbar unterscheiden und aktiv miteinander kooperieren können.

Doch dafür muss vor allem in Deutschland erst noch eine weitere wichtige Voraussetzung geschaffen werden – jenseits neuen Materials für 100 Milliarden und mehr: Die Notwendigkeit für ein solches Engagement, das auf Dauer angelegt sein muss und viel Geld kosten wird, muss in der Gesellschaft Unterstützung finden. Bisher ist die politische Führung unterschiedlicher Koalitionen politmarketing-technisch gut damit gefahren, Fragen der Sicherheit und Verteidigung mehr oder weniger diskret zu behandeln. Auch werden im Verteidigungsausschuss des Bundestags keine großen politikerkarrieren gestartet. Wer etwas werden will im Berliner Politikbetrieb, der hält sich von Fragen der Rüstung und des Militärs tunlichst fern – bisher. Das politische Diskussionsklima im Land ist nicht von geostrategischem Denken geprägt, eher von Vorsicht, Zurückhaltung – jedenfalls was außen- und sicherheitspolitische Fragen betrifft. Das Leitmotiv lautete bislang: Ball flach halten, aber dennoch Führungsanspruch erheben, wenn auch nicht allzu konkret.

Die Veränderungen der vergangenen Jahre erfordern nun nicht nur neues Nachdenken über Funktion und Strukturen unserer einschlägigen Institutionen, sie erfordern vor allem, dass die politisch Verantwortlichen und auch ihre Ratgeber aktiv und offensiv vortragen, welche Rolle Deutschland in dieser Lage spielen soll, was es dafür tun muss und welche Belastungen, aber auch welche Vorteile damit verbunden sein werden bzw. können. Diese Debatte darf nicht im stillen Kämmerlein stattfinden, möglichst so, dass es niemand merkt. Denn der innere Zusammenhalt der Gesellschaft, ihre Bereitschaft zu aktivem Engagement für die Zukunft, ihre Offenheit für neue, andere Gedanken ist längst zu einem sicherheitspolitisch relevanten Faktor des Landes geworden. Außerdem sollte das öffentliche Nachdenken mindestens gemeinsam mit den Freunden in Frankreich und den USA, möglichst mit noch mehr Beteiligten, stattfinden, damit die strategischen Perspektiven unserer Länder einander angenähert werden können. Denn nur so lassen sich die Entscheidungen sinnvoll treffen, die für die Gestaltung einer neuen Sicherheitsarchitektur in Europa getroffen werden müssen.

5. RESILIENZ DER DEMOKRATIE

Bei all dem darf nicht übersehen werden, dass die Umwälzungen und Krisen der vergangenen Jahre nicht nur die internationale Ordnung ganz allgemein und die für Deutschland wichtigsten Organisationen der Kooperation und der Sicherheit (EU und NATO) im Besonderen verändert haben. Sie haben auch im Land selbst Unsicherheit, Zweifel und auch Widerstand gegen die Zumutungen der Veränderung hervorgerufen. Das ist in einer demokratischen Gesellschaft wie der deutschen, die integraler Bestandteil einer demokratischen Staatengemeinschaft ist, nicht trivial. All die großen Herausforderungen, vor denen Deutschland und seine Partner stehen, werden nicht bestanden werden können, wenn die Bevölkerungen die notwendigen Entscheidungen nicht mittragen.

Das ist seit dem 24. Februar 2022, dem Tag des militärischen Angriffs Russlands auf die Ukraine, noch einmal besonders deutlich geworden. Die Unterstützung der Ukraine ist keines der üblichen Krisenmanagement-Projekte in weiter Entfernung, an denen wir uns mit überschaubarem Engagement beteiligen, um dabei zu sein, die uns aber im Übrigen nicht weiter behelligen sollen. Vielmehr bedarf dieser Krieg in unserer unmittelbaren Nachbarschaft eines langfristigen, verlässlichen, durchaus kostspieligen Engagements des demokratischen „Westens"; und zwar jetzt und auf lange Zeit, wenn dem aggressiven Imperialismus Russlands in Europa Einhalt geboten werden soll. Damit werden zwangsläufig aber auch nationale politische Prioritäten verschoben. Die große, ebenfalls kostspielige und langfristig zu stemmende, gleichwohl dringende Transformation des Wirtschaftens, mit der die Gefahren des globalen Klimawandels eingedämmt werden sollen, genießt nicht mehr allein höchste Priorität.

Priorität genießt in vielen Staaten des „Westens" inzwischen vielmehr „Sicherheit" im umfassenden Sinn, nicht nur vor Bedrohungen von außen, sondern vor allem Sicherheit vor Zuwanderung, unerwünschter, „illegaler" Zuwanderung. Denn Zuwanderung an sich ist bei einer alternden Bevölkerung notwendig zur Aufrechterhaltung des gewohnten Lebensstandards. Aber viele Menschen sind ob der vielfältigen Krisen und Zumutungen (etwa zu Zeiten der Pandemie) verunsichert – und sehnen sich nach Sicherheit. Und so kumulieren, neben den vielen internationalen Krisen und Kriegen, auch vermeintliche oder tatsächliche Krisen im Innern: Inflation, Energiekrise, Migrationskrise, Bildungskrise, Gesellschaftskrise da, wo die extreme Rechte auf dem Vormarsch ist. In vielen Ländern ist der Zusammenhalt der Gesellschaft in Gefahr. Zukunftsangst macht sich breit. Unversöhnlich stehen sich oft gegensätzliche „Lager" gegenüber und drücken dies auch verbal aus – wenn nicht sogar mit physischer Gewalt. Dies hat unmittelbare Auswirkungen auch auf die außen- und sicherheitspolitische Handlungsfähigkeit der Regierungen. Und damit auf deren Bereitschaft oder Fähigkeit, tiefgreifende Veränderungen in der EU oder bei der NATO aufzugreifen oder gar in Gang zu setzen.

5.1 AMERICA FIRST

Ganz offensichtlich ist dies längst in den USA, der Führungsmacht des „Westens" und der NATO im Besonderen. Mit jedem Präsidentenwechsel seit 2000 hat sich die Polarisierung der amerikanischen Gesellschaft verschärft. Als George W. Bush, ein republikanischer Präsident, nach dem islamistischen Terroranschlag vom 11. September 2001 auf New York und Washington D.C. den „Global

War on Terror" (GWOT) ausrief, war Widerspruch oder differenziertes Nachdenken über die Folgen dieser politischen Entscheidung schnell praktisch unmöglich geworden, jedenfalls öffentliches Nachdenken. Und an Absprachen mit den „Freunden und Alliierten" war nicht zu denken. Auch für die Alliierten galten die Worte des damaligen Verteidigungsministers Donald Rumsfeld: „Seid Ihr dafür oder dagegen (mit dem was, wir beschließen, d. A.)? Wenn Ihr dagegen seid, macht Platz!" Der ostentative Patriotismus mit US-Flaggen an fast jedem Fahrzeug und Haus machte Gefolgschaft fast schon zur Bürgerpflicht. Die USA befanden sich „im Krieg"; Zweifel daran galten schon als „unpatriotisch" und waren nicht erwünscht.

So kamen Entscheidungen zustande, die den Keim zu einer vornehmlich militärischen Reaktion auf Terrorismus legten, die als Rache bzw. Bestrafung des afghanischen Taliban-Regimes begann, das den Al-Qaida-Terroristen des 11. Septembers Unterschlupf und Unterstützung gewährt hatte. Die Aktion endete nach 20 Jahren mit einer demütigenden Niederlage.

Und der Krieg der USA gegen den Irak ab 2003 zerriss fast das westliche Bündnis, weil sich die Solidarität der Alliierten mit ihrer Führungsmacht nach den Anschlägen vom 11. September 2001 nicht übertragen ließ. Die Bush-Regierung behauptete zwar, der Kampf gegen das Regime Saddam Husseins im Irak sei Teil des GWOT (in Afghanistan waren die Taliban zwar aus Kabul und von der Macht vertrieben worden, hatten sich aber, wie Osama bin Laden, der Al-Qaida-Top-Terrorist, in die Berge des Hindukusch und nach Pakistan zurückgezogen und waren längst nicht besiegt), denn auch Bagdad unterstütze die Terrorbewegung Al-Qaida; außerdem bereite das Regime in Bagdad die Entwicklung eigener Atomwaffen vor. Deshalb müsse jetzt erst recht als Nächstes gegen Bagdad präventiv vorgegangen werden. Doch diese Argumentation erwies sich schnell als falsch – man könnte auch sagen, als erfunden.

Bei der Münchner Sicherheitskonferenz, in der Donald Rumsfeld um Unterstützung bei den Alliierten für diese Aktion als Fortsetzung des GWOT warb, lautete die Antwort des deutschen Außenministers Joschka Fischer: „I am not convinced" („Ich bin nicht überzeugt'). Und die Türkei sperrte ihren Luftraum für amerikanische Maschinen auf dem Weg in den Irak. In den USA regte sich auch unter Bush-kritischen Politikern kaum Widerspruch gegen dieses Vorgehen, jedenfalls kein lauter. So griffen die USA den Irak trotzdem an, obwohl einige Alliierte, darunter vor allem Deutschland und Frankreich, ihre Gefolgschaft verweigerten. Es ging vor allem darum, das Regime Saddam Husseins zu stürzen, denn der hatte „versucht, meinen Dad (der frühere US-Präsident George H. W. Bush, d. A.) zu töten", wie George W. Bush verkündete.

Der Schock des 11. September 2001 prägte die gesamte Präsidentschaft von George W. Bush, der 2004 auf der Welle des GWOT-Patriotismus wiedergewählt wurde. Saddam Hussein wurde zwar gestürzt, aber der Irak ist seitdem nicht wieder zur Ruhe gekommen, der Einfluss des antiwestlichen Mullah-Regimes im Iran auf den geschwächten Nachbarn dramatisch gestiegen. Und das Bündnis war in eine Vertrauenskrise geraten.

Die Wahl des Demokraten Barack Obama zum ersten schwarzen Präsidenten der USA im November 2008 steigerte die Polarisierung im Land weiter. Die gegen Obama unterlegenen Republikaner schlugen das Angebot des neuen Präsidenten aus, sich über Parteigrenzen hinweg für die Arbeit an der Gesetzgebung zu verständigen. In ihren Reihen bildete sich schnell die „Tea Party"-Bewegung, die sich, analog zur „Boston Tea Party" von 1773, als Akt des Widerstands gegen die britische Krone, als Widerstand gegen die neue, für illegitim erachtete Regierung inszenierte. Ein gewisser Donald Trump behauptete damals, Barack Obama habe gar nicht zum Präsidenten gewählt werden dürfen, weil er nicht in den USA geboren sei – eine schlichte Lüge. So verhärteten sich die Fronten in dieser großen Demokratie. Es ging immer weniger um eine politische Auseinandersetzung zwischen zwei Parteien, sondern vielmehr um gut und böse, um ein Dafür-oder-dagegen, was zu einem zunehmend vergifteten Klima mit persönlichen Beleidigungen und fragwürdigem Verhalten führte.

Obama wollte die Allianz „von hinten führen" und den Europäern mehr Spielraum, aber auch mehr Verantwortung überlassen. Für ihn war Russland, der ebenbürtige Rivale in Zeiten des Kalten Krieges, nur noch eine „Regionalmacht", um die sich die Europäer kümmern konnten. Er verkündete den „Pivot to Asia", die Hinwendung nach Asien, weil die Herausforderung eines ambitionierten China im indopazifischen Raum für die USA an strategischer Bedeutung gewann. Zum andern stieg der innenpolitische Druck, die kostspieligen militärischen Operationen im Irak und in Afghanistan (Donald Trump nannte sie die „Forever Wars", die ewigen Kriege, die er beenden wolle) endlich zu einem erfolgreichen Ende zu bringen. Die siegesgewohnten Amerikaner waren müde geworden, militärische Operationen weiter zu unterstützen, deren Erfolg nicht abzusehen war, ja zunehmend unwahrscheinlich zu werden drohte. In der Folge änderte Washington seine Strategie, um mithilfe eines „Surge", also einer schnellen und spürbaren Aufstockung der militärischen Kräfte doch noch rasch die Oberhand zu gewinnen und die Kriege, vermeintlich kurz vor dem Sieg, endlich für sich zu entscheiden. Beides scheiterte.

Und so konnte Donald Trump 2016 mit dem Slogan „Make America Great Again" die Sehnsucht vieler Amerikaner, vor allem seiner Republikaner, erfüllen und versprechen, das Land zu alter Größe zurückzuführen – die sein Vorgänger und dessen Außenministerin, seine Gegnerin bei der Wahl 2016, Hillary Clinton, die er als „Crooked Hillary" verunglimpfte, verspielt hätten. Fortan galt ganz offiziell: „America First" – ein Slogan, der voll auf der Linie der europäischen Rechtsextremisten lag: „Les francais d'abord" oder „Deutschland den Deutschen". Für das westliche Bündnis, ein „Wertebündnis" grundsätzlich offener Demokratien, dessen Kern die Zusammenarbeit, das Teilen von Risiken, der gegenseitige Beistand bei Gefahr für die Sicherheit ist, stellte dies eine schwere Belastung dar.

Kombiniert mit einem ungehörigen, respektlosen Auftreten des Amtsinhabers Trump auch gegenüber seinen „Freunden und Alliierten" schwand das Vertrauen in die Führung der USA und in die Führung durch die USA. Ein Präsident, der die NATO für „obsolet" und die EU zum „Feind" erklärt, kann nicht wirklich deren Gefolgschaft oder gar Vertrauen erwarten. Noch beunruhigender ist freilich, dass der ehemalige Präsident auch vier Jahre nach dem Ende seiner vierjährigen Amtszeit immer noch über große Gefolgschaft in der amerikanischen Gesellschaft und entscheidenden Einfluss auf seine Partei der Republikaner verfügt. So zögerte er im Wahljahr 2024, in dem er sich wieder zum Präsidenten wählen lassen will, über Monate eine Einigung im US-Kongress hinaus, mit der die weitere Unterstützung der USA für die Ukraine sichergestellt werden sollte; verhindern konnte er sie letztlich nicht. Er wollte nur verhindern, dass der Präsident, der ihn 2020 besiegt hatte und den er als „Sleepy Joe" verächtlich macht, einen Erfolg vorweisen kann.

Aber „America First" ist keine Erfindung von Donald Trump. Auch seine Vorgänger haben die nationalen Interessen der USA immer in den Vordergrund gestellt und ihre Entscheidungen danach ausgerichtet. Auch Präsident Joe Biden geht so vor. Allerdings waren sich die US-Regierungen immer bewusst, dass sie als demokratische Weltmacht auch eine Verantwortung für das friedliche Zusammenleben der Völker und den Zusammenhalt zumindest der Staatengemeinschaft haben, die sich „westlichen", demokratischen Prinzipien verpflichtet fühlt. Deren Kern ist die NATO. Wer sie infrage stellt oder aushöhlt, schädigt auch die Substanz amerikanischer Weltmacht.

Insofern ist es von großer Bedeutung, welchen Weg die USA nach den Wahlen vom 5. November 2024 einschlagen werden. Handlungsfähigkeit und Relevanz des transatlantischen Bündnisses hängen davon ab. Und Äußerungen des Wettbewerbers Trump im Vorwahlkampf lassen nichts Gutes ahnen, rufen öffentliche Warnungen des NATO-Generalsekretärs Jens Stoltenberg hervor. Wer die Gültigkeit der Beistandsklausel des NATO-Vertrags Art. 5 öffentlich infrage stellt und dem russischen Herrscher zugleich freie Hand gibt, mit den Europäern zu verfahren, wie es ihm beliebt, wie Trump dies ausdrückte, der gefährde auch die Sicherheit Amerikas, mahnte Stoltenberg.

Auch wenn das tatsächliche Engagement der USA im Bündnis während der Trump-Präsidentschaft 2017–2021 keineswegs nachgelassen hat, so ist doch nicht sicher, ob das in einer zweiten Trump-Präsidentschaft noch genauso wäre. Das von der Trump zugeneigten Heritage Foundation erstellte „Project 2025", eine Art Handbuch für eine zweite Amtszeit des Republikaners, rät schon deutlich, diesmal nur Minister und hohe Beamte zu berufen, die unzweifelhaft loyal zum Amtsinhaber sind; auf sog. „Erwachsene" im Apparat, die das Schlimmste schon verhüten würden (wie 2017–2021), soll Trump sich nicht ein zweites Mal einlassen.

Aber was ist, wenn tatsächlich eine Mehrheit der Amerikaner die Konzentration ihrer Führung auf das eigene Land einklagt und ihnen die Rolle der USA als Weltmacht herzlich egal ist? Was ist, wenn diese Mehrheit die Konzentration auf die eigene Bevölkerung einfordert und all diejenigen abweisen will, die gern dazugehören möchten, aber keine Bürger sind? Wer immer Präsident werden oder einen Sitz in einer der Kammern des Kongresses erobern will, wird darauf zu achten haben. Kandidaten sollten sich aber bewusst sein, dass sie nicht nur Stimmungen und Umfragen nachlaufen dürfen, sondern sich für Ämter mit Verantwortung für die gesamte Gesellschaft und für eine internationale Ordnung des Friedens bewerben. Demokratien müssen resilient werden und bleiben gegen die Gefahren autoritärer Führungen, die solche Verantwortung nicht kennen, sondern bestenfalls Applaus, meist nur Gefolgschaft erheischen.

So ist darauf zu achten, dass die Zukunft der Sicherheitsarchitektur in Europa davon abhängt, dass die innere Verfasstheit der demokratischen Staaten, die diese Struktur bilden, den Kriterien einer resilienten Demokratie entspricht; dass sie zugleich den jeweiligen nationalen Interessen, aber auch den Gesamtinteressen des Bündnisses bzw. der Union dienen. Politische Kräfte, meist der extremen Rechten, die den absoluten Vorrang ihrer Nation propagieren und die Interessen der „Alliierten und Freunde" außer Acht lassen, schaffen und pflegen Misstrauen, womit sie die Solidarität untergraben, die gerade angesichts der konfliktreichen internationalen Lage nötiger ist denn je.

5.2 NATIONALISMUS IN EUROPA

Der politische Einfluss nationalistischer Bewegungen und Parteien, meist der extremen Rechten, ist in Europa in den vergangenen Jahren gestiegen – mit inzwischen spürbaren Folgen für die Struktur des internationalen Systems, das nach dem Zweiten Weltkrieg in Europa für Frieden und Sicherheit sorgte. Dieses beruht, sehr kurz formuliert, auf dem Willen zu einer gleichberechtigten Partnerschaft der Nationen, Respekt vor den Interessen der Partner sowie einem gemeinsamen und übergeordneten Regelwerk, dem sich alle Partner unterwerfen, um gegensätzliche Positionen auszugleichen. Es beruht, anders gesagt, auf dem gegenseitigen Respekt demokratischer Werte in einer Gemeinschaft offener, demokratisch verfasster Nationen mit dem Bewusstsein einer langen, teils gemeinsamen, oft konfliktreichen Geschichte. Und es hat diesem Kontinent, auf dem die schrecklichsten Kriege Abermillionen von Opfern gefordert haben, Frieden und Wohlstand gegeben.

Die innere Verfasstheit der europäischen NATO- und EU-Partner stellt sich aber um noch einiges komplizierter dar als die der amerikanischen Demokratie, denn es handelt sich um eigenständige Nationen. In Italien etwa regiert seit 2022 Giorgia Meloni mit ihrer Partei, den „Fratelli d'Italia", die aus dem neofaschistischen „Movimento Sociale Italiano" hervorgegangen sind, das die Erinnerung an den „Duce", den einstigen Führer Benito Mussolini, hochgehalten hat. Dieser hatte in Italien den faschistischen Staat nach dem Führerprinzip geformt, der dem deutschen Nazi-Regime als Vorbild diente. In den Niederlanden gewann der rechtsextreme Geert Wilders die Parlamentswahlen im November 2023. Er will grundsätzlich alle Moslems aus dem Land verweisen. Den Austritt der Niederlande, einem der sechs Gründerstaaten der EU, aus der Union will er aber vorerst zurückstellen; er braucht schließlich Koalitionspartner, mit denen er seit dem 1. Juli 2024 tatsächlich regiert, wenn auch vom Beifahrersitz aus. In Schweden und Finnland stützen rechtsextreme nationalistische Parteien die Regierungen und könnten die Unterstützung auch jederzeit aufkündigen, etwa wenn ihre Bedingungen nicht erfüllt werden. In der Slowakei gewann der Linksnationalist Robert Fico 2023 die Wahlen und versprach, die von NATO und EU beschlossene Unterstützung der angegriffenen Ukraine, insbesondere mit Waffen, einzustellen. Und in Ungarn sitzt der „illiberale" (d. h. autoritäre) Victor Orbán als Ministerpräsident mit einer Zweidrittelmehrheit im Parlament fest im Sattel. Er hängt, wie sein Freund Wladimir Putin, revisionistischen Träumen einstiger nationaler Größe an. Nur in Polen konnte die autoritäre Regierung der PiS-Partei abgewählt werden, die neben der traditionellen Bedrohung aus dem Osten, aus Russland, die Mär von der anderen traditionellen Bedrohung Polens erzählte, der aus dem Westen, nämlich aus Deutschland, dem NATO- und EU-Partner. Zuletzt legte das rechtsextreme „Rassemblement National" (früher: Front National) in Frankreich bei den vorgezogenen Parlamentswahlen noch einmal erheblich zu, wenn auch der nach dem ersten Wahlgang zunächst erwartete Wahlsieg nach dem zweiten Wahlgang ausblieb. Seine Anführerin, Marine Le Pen, hatte es schon zweimal in die Stichwahl zum Präsidentenamt geschafft und dabei die klassische bürgerliche Rechte geschlagen. Sie rechnet sich jetzt noch einmal gute Chancen aus, es beim dritten Mal 2027 in den Élysée-Palast zu schaffen. Zwar propagiert sie nicht mehr den Austritt Frankreichs aus der EU, würde aber wohl die Integration Frankreichs in die NATO-Militärstruktur wieder rückgängig machen und militärische Zusammenarbeit in bilateralen Verträgen suchen, einschließlich einer Kooperation mit Russland

„nach dem Krieg". Und zu diesen Kräften gehört inzwischen auch die „Alternative für Deutschland" (AfD), die sich mittlerweile (nach Umfragen) als zweitstärkste politische Kraft in Deutschland etabliert hat. Auch sie will die EU abschaffen und diskutiert noch, ob sie Deutschland auch aus der NATO führen will.

All diesen Parteien ist gemein, dass sie sich berufen fühlen, dem eigenen Volk in einem starken Nationalstaat Sicherheit vor mannigfachen Bedrohungen von außen zu versprechen, vor allem vor weiterer Zuwanderung, die in den vergangenen Jahren schon mehr oder weniger beträchtlich war, aber doch mit großen Unterschieden unter den betroffenen Staaten. Sie versprechen einer Bevölkerung Schutz, die Angst hat, verunsichert ist, den vielen Zumutungen entgehen will; die Krisen und Kriege, Klimawandel und die (vergangene) Gesundheitskrise, aber auch eine ungewohnte kulturelle Vielfalt und Streitbarkeit für sie bedeuten, in der sie sich nicht mehr zurechtfinden. Ausdrücklich widersetzen sich die nationalistischen Parteien einer engeren Integration in Europa, wie sie im EU-Vertrag von Lissabon vereinbart ist. Sie wollen die Zeit zurückdrehen, die EU von innen aushöhlen (Björn Höcke, AfD: „Die EU muss sterben, damit Europa leben kann"). Zur NATO verhalten sie sich opportunistisch, je nach wahrgenommener Bedrohung, denn vor allem die Nationalisten in Osteuropa setzen auf den militärischen Schutz durch die USA.

Es haben sich also in Europa, das sich mit der EU einen demokratischen Staatenbund geschaffen und sich in der NATO in einem transatlantischen Bündnis demokratischer Staaten zur militärischen Verteidigung organisiert hat, Parteien etabliert, die den Staatenbund ablehnen und auf nationale Souveränität pochen, deren sichtbarster Ausdruck die Verfügbarkeit über die nationalen Streitkräfte ist. Kurz: Diese Parteien lehnen zwei historische Errungenschaften ab, die Europa seit den 1950er Jahren Frieden und Wohlstand gebracht haben: die politische Integration in der EU sowie erst recht eine integrierte Militärstruktur, wie sie im Rahmen der NATO besteht. Und diese Parteien haben zunehmend politisches Gewicht erlangt, weil sie in Wahlen Erfolg haben. Vor einigen Jahren noch marginal oder gar nicht existent, führen sie in Rom und Budapest bereits eine Regierung und wähnen sich in anderen Staaten kurz davor. Nationalismus ist wieder zu einem wichtigen politischen Faktor in Europa geworden.

Nationalismus aber ist die Axt an der Wurzel der europäischen Friedensordnung, dort, wo sie noch existiert – nämlich im Bereich der EU und der NATO sowie ihrer Partner. Das nationalistische Regime in Budapest zum Beispiel hat keine Skrupel, seine 26 EU-Partner jedes Mal zu erpressen, wenn es darum geht, wirtschaftliche oder finanzielle Sanktionen gegen die Angriffskrieger in Moskau zu beschließen. Solche Beschlüsse verlangen im EU-Rat Einstimmigkeit. Und auch die Nationalisten in Bratislava scheuen sich nicht, die NATO-Politik zu unterlaufen, die Ukraine in ihrer Verteidigung gegen die russischen Angreifer „so lange wie nötig" zu unterstützen. Dies ist im Falle der Slowakei vielleicht nicht so bedeutsam, weil deren Weigerung von den anderen NATO-Staaten leicht ausgeglichen werden kann. Aber dieses Verhalten fügt der Glaubwürdigkeit einer gemeinsamen NATO- bzw. EU-Politik Schaden zu – und dies gegenüber einem Machthaber, der vor nichts Respekt hat außer Macht.

Bisher verhält sich die italienische Nationalistin Giorgia Meloni demonstrativ NATO-treu. Aber auf EU-Ebene bändelt ihre Partei mit der Partei Viktor Orbáns an. Wie sich eventuell eine von der jetzt ebenfalls erstarkten linksextremen Partei „La France Insoumise" geführte, zumindest stark beeinflussbare Regierung in Paris verhalten wird, ist völlig offen. Sie wird sich im innerfranzösischen Machtpoker mit Präsident Emmanuel Macron positionieren müssen, der noch bis 2027 im Amt sein wird. Damit steigt die Ungewissheit in EU und NATO erst einmal weiter. Und was ist, sollte Marine Le Pen wirklich Frankreichs nächste Präsidentin werden? Deren Wahlkampf 2022 zum Teil aus den Kassen des Kremls finanziert wurde? Die deutsche AfD mag von der Aussicht, den Kurs der deutschen Politik mitzubestimmen, noch ein gutes Stück entfernt sein, aber die Ambition hat sie, und sie meint es ernst.

Wie auch immer sich die politische Bedeutung des Nationalismus in Europa in nächster Zukunft entwickeln wird, schon jetzt kann nicht eindringlich genug davor gewarnt werden, dass die Solidarität unter den EU- und NATO-Partnern Schaden zu nehmen beginnt. Solidarität aber ist nicht nur die Grundlage jeder glaubhaften Abschreckung in einer Konfliktlage, sie wird – zu Recht – auch gerade jetzt immer wieder eingefordert. Und wenn sie dann ausbleibt, ist das politische Signal umso verheerender.

In diesem Zusammenhang muss noch auf einen weiteren Nationalisten, einen Autokraten im Bündnis hingewiesen werden, der das Bild der Einheit und Handlungsfähigkeit der Allianz kräftig stört. Der türkische Präsident Recep Tayyip Erdoğan lässt keine Gelegenheit aus, die allein von ihm definierten Interessen der Türkei durchzusetzen, auch gegen die eigenen Bündnispartner. Er verweigert sich nicht nur den Maßnahmen der NATO (und der EU, der die Türkei aber nicht angehört) gegen Russland, sondern steigert sogar den Handel mit dem Partner und Rivalen am Schwarzen Meer. Zudem verzögerte er den Beitritt Finnlands und Schwedens zur NATO, um von den USA Kampfflugzeuge zu erhalten, die diese ihm wegen seiner militärischen Zusammenarbeit mit Russland verweigern wollten. Er stellt sich demonstrativ quer zu den Bemühungen der NATO-Partner, den Krieg im Gazastreifen gegen die Hamas-Terroristen, die er Freiheitskämpfer nennt, zu beenden.

Sein Regime, das zwar noch Wahlen und Parteien kennt, aber auf allen Ebenen auf seine Person ausgerichtet ist, zeigt, wie der Verlust demokratischer Regeln nicht nur die Bürgerrechte im Lande einschränkt bzw. ganz aufhebt – das ist schlimm genug – sondern auch, wie ein solches Regime ohne Rücksicht auf Verluste politische und militärische Entscheidungen treffen kann, die weder dem Land noch dem Bündnis, dem dieses Land angehört, zuträglich sind. Für die NATO, für dieses Verteidigungsbündnis demokratischer Staaten, ist die Türkei schon längst kein verlässlicher Partner mehr.

Wenn freilich auf einen militärisch so potenten Partner wie die Türkei kein Verlass mehr ist, wenn es unmöglich wird, mit diesem Partner eine gemeinsame Politik zu vereinbaren, etwa als gemeinsame Antwort auf den russischen Angriff auf die Ukraine, ist die Handlungsfähigkeit der Allianz insgesamt geschmälert, um es freundlich auszudrücken. Das Beispiel Türkei (und Ungarn) zeigt, dass die demokratische Verfasstheit der Mitgliedstaaten im Bündnis (und in der Union) unabdingbare Voraussetzung für das Vertrauen der Alliierten untereinander, für ihre Solidarität, Glaubwürdigkeit und damit auch ihre Handlungsfähigkeit ist.

5.3 STIMMT DER DEMOKRATISCHE KOMPASS?

In der Zeit des Kalten Krieges gab es Perioden, in denen das westliche, das prinzipiell demokratische Bündnis auch diktatorische Regime unter seinen Mitgliedern zählte. Das Portugal Salazars sei genannt und das Obristenregime in Athen. In der Türkei putschte sich das (NATO-)Militär gar drei Mal an die Macht.

Diese undemokratischen Regime standen jeweils fest an der Seite des Westens gegen den von Moskau gesteuerten kommunistischen Block und erfüllten damit einen strategischen Zweck. Aber diese Zeiten sind vorbei.

Die NATO hat längst nicht mehr den Zweck, „to keep the Russians out, the Americans in and the Germans down". Die NATO hat sich mehrfach erweitert, wie die EU auch. Die Gefährdungen unserer Sicherheit sind erheblich vielfältiger geworden, was zwangsläufig zu einer größeren Interessendivergenz unter den Mitgliedstaaten führt. Überlegungen zu einer Präzisierung bzw. Konzentration der Aufgaben, die die NATO sinnvollerweise erfüllen kann, zwingen sich geradezu auf, wenn das Bündnis sich nicht in einem uferlosen Palaver verlieren will.

Umso wichtiger ist es, dass der demokratische Kompass dieses heterogener gewordenen Bündnisses stimmt. In der neuen Zeit, in der es jetzt um eine Rückkehr des Wettbewerbs von Großmächten, um deren Anspruch auf jeweils eigene Einflusszonen geht, von denen nur eine, die USA, eine demokratische Macht ist, darf an der demokratischen Verfasstheit seiner Mitgliedstaaten kein Zweifel aufkommen. Mehr noch: Nur demokratische Strukturen und demokratische Verfahren bewahren die Allianz auf Dauer vor Fehlentscheidungen; nur sie verleihen dem Bündnis Handlungsfähigkeit und damit Glaubwürdigkeit in ihrer Abschreckung vor feindlichen Akten; nur sie machen die Allianz zu einem starken Partner im neuen Wettbewerb der Großmächte, in dem sich Demokratie und autoritäre Regime gegenüberstehen. Wenn dieser Kompass versagt, wird die NATO zur „Quantité négligeable". Darauf setzt nicht zuletzt der Herrscher im Kreml.

Für die Funktionsfähigkeit der EU gilt dies sowieso. Dieser europäische Staatenbund der Demokratien, der seine Handlungsfähigkeit eher ausdehnen als einschränken muss, kann nur als resiliente Demokratie gedacht werden. Er lässt sich nicht, wie das Militärbündnis, auf eine Kernfunktion reduzieren, bei der es vor allem auf „Hard Power" ankommt. Er kann, anders als das Bündnis in einer bestimmten Zeit für eine bestimmte Zeit, keine nicht-demokratischen Mitglieder aushalten.

Diskussionen über eine Neuausrichtung der europäischen Friedensordnung werden dieser Dimension Raum und Zeit geben müssen.

Raum und Zeit für solche Diskussionen sind im Übrigen auch nötig, weil der Diskurs etwa in Deutschland oder anderen NATO-Partnern über die Notwendigkeit einer Stärkung der gemeinsamen Verteidigungsfähigkeit, ja Kriegsfähigkeit, ohnehin schwer zu führen sein wird. Wie soll eine verantwortliche politische Führung eine Unterstützung der Öffentlichkeit, d. h. der Steuerzahler, für zusätzliche Anstrengungen generieren, wenn wichtige Partner demokratischen Grundsätzen nicht gehorchen, für die die Politik des Landes doch einsteht. Es geht schließlich nicht nur um Geld; es geht auch um die Glaubwürdigkeit der eigenen Politik und darum, dass nur ethisch begründbare, aus gesellschaftlichen Interessen, nicht persönlichen Machtinteressen hergeleitete Politik glaubwürdig sein kann.

6. WAS IST ZU TUN?

Die Kumulation von Krisen und Kriegen, mit denen wir es derzeit zu tun haben, wird so schnell nicht enden. Sie hat das Handeln und die Strategien von EU und NATO schon erheblich verändert und wird dies weiter tun. Anspruch einer verantwortungsvollen Politik kann es aber nicht sein, sich „nur" veränderten Umständen anzupassen; das ist ohnehin weiterhin tägliches Brot der Politik. Besonders angesichts all dieser Krisen und Kriege muss es der Anspruch der Akteure sein, die weitere Entwicklung aktiv zu gestalten und sie so zu prägen, dass sie sowohl den Interessen der Menschen in unseren Ländern als auch einer internationalen Ordnung dient, die auf demokratischen Regeln und offener Kooperation zwischen den Staaten und Völkern beruht.

6.1 STRATEGISCHES DENKEN UND HANDELN

Als Deutschland zum ersten Mal Streitkräfte in Einsätze – nicht in Übungen – außerhalb des NATO-Gebiets schickte (das waren hauptsächlich die Einsätze der Bundeswehr mit ihren Bündnispartnern auf dem Balkan und in Afghanistan), wurde die Gefährlichkeit der Missionen, aber auch ihr strategischer Sinn von den Verantwortlichen in der deutschen Öffentlichkeit heruntergespielt und so beschrieben, als gehe es um Missionen eines bewaffneten technischen Hilfswerks. Von „Krieg" wurde nicht gesprochen, wenn zum Beispiel von Operationen in Afghanistan die Rede war, obwohl dort, wohin die deutschen Soldaten geschickt wurden, Krieg herrschte. Von „Krieg" durfte auch aus angeblich versorgungsrechtlichen Gründen nicht gesprochen werden. Und außerdem sieht das Grundgesetz vor, dass bei „Krieg", der formal vom Bundespräsidenten erklärt werden muss, nachdem der Bundestag den „Verteidigungsfall" festgestellt hat (Art. 59a GG), die Befehls- und Kommandogewalt über die Bundeswehr auf den Bundeskanzler übergeht (Art. 65a GG). So weit aber wollte politisch keiner je gehen, am wenigsten die Amtsinhaber.

Die Politiker suchten die Zustimmung in der Bevölkerung vielmehr dadurch zu erhalten, dass die Bundeswehr oft (quasi als Beleg für die Ungefährlichkeit) mit einer wenig robusten Ausrüstung in die Einsätze geschickt wurde. Auch die Mandate der Bundeswehr, die der Deutsche Bundestag beschloss, waren alles andere als angemessen. In Mali zum Beispiel durften die Soldatinnen und Soldaten der Bundeswehr Stellungen der terroristischen Gruppen aufklären, aber nicht selbst bekämpfen. Stattdessen mussten sie die Daten an die französischen Truppen weiterleiten.

Einsätze der Bundeswehr in Kriegsgebieten, gern Friedenseinsätze genannt, wurden im öffentlichen Diskurs fast nie in einem strategischen Kontext diskutiert. Als Kontext musste – wie im Fall Afghanistans – entweder „Bündnissolidarität" herhalten („uneingeschränkte Solidarität mit den USA", die Bundeskanzler Gerhard Schröder versprochen hatte; „unsere Sicherheit wird auch am Hindukusch verteidigt" – Verteidigungsminister Peter Struck auf die Frage, ob ein Einsatz in Afghanistan mit dem Verteidigungsgebot des Grundgesetzes für die Bundeswehr vereinbar sei) oder die Unterstützung beim Aufbau eines friedfertigen, demokratischen Staates (in Bosnien-Herzegowina, später im Kosovo), der keine Bedrohung mehr für die internationale Sicherheit darstellen soll (auch Afghanistan). Die Vorstellung eines definierten Zieles, das diesen Militäreinsätzen einen strategischen Sinn, und zwar einen kohärenten, hätte verleihen können, blieb hinter wohlklingenden Floskeln verborgen.

Es gab auch keine von Bündnispartnern gemeinsam definierten Ziele – und das, obwohl sich die Bundeswehr ja immer nur an militärischen Operationen mit Bündnispartnern beteiligte, nie allein tätig wurde, ja gar nicht allein tätig werden darf, wie das Bundesverfassungsgericht entschieden hat. So hatte zwar im Fall Afghanistan eine internationale Konferenz noch im Winter 2001 auf dem Bonner Petersberg Ziele für ein demokratisches und friedliches Afghanistan beschrieben. Das Erreichen dieser Ziele aber wurde dann nicht etwa einem militärischen Kommando oder einer politischen Zentrale übertragen, sondern getrennt einer militärischen und einer zivilen Mission.

Die zivile Mission stand unter Leitung eines UN-Beauftragten, während die militärische unter zwei Kommandos stand, von denen das eine zunächst für die Sicherheit der Hauptstadt Kabul zu sorgen hatte, wo die künftige neue Regierung amtieren sollte. Dieses Kommando hatte ein britischer General inne und es umfasste Truppen aus mehreren Staaten, von denen die meisten der NATO angehören. Das andere militärische Kommando übten zunächst die USA aus, deren Mission darin bestand, die afghanischen Taliban-Truppen zu besiegen. Es fehlte aber an einer gemeinsamen Strategie der militärischen und der zivilen Seite. Daran ist diese Mission nach 20 Jahren gescheitert.

Da die internationale Öffentlichkeit ihren Blick auf die eher sichtbare militärische Mission gerichtet hatte, wurde das Scheitern auf das Konto der NATO gebucht. Das Bündnis aber hatte erst später die Führung, zunächst der Stabilisierungskräfte, dann aller NATO-Kräfte übernommen. So fanden schließlich drei militärische Operationen in Afghanistan zur gleichen Zeit statt: eine multinationale, später NATO-geführte Stabilisierungsoperation, eine US-geführte Operation zur Terroristenbekämpfung und dann noch eine mehr oder wenige geheime Operation der CIA.

Welche Zukunft hat die NATO?

Für Überlegungen zur Zukunft der NATO und der Rolle, die Deutschland dabei spielen soll und kann, muss deshalb an die Erfahrungen aus Afghanistan angeknüpft werden, damit sich das Bündnis nicht noch einmal auf solch eine an Menschenleben, Steuermitteln und politischer Glaubwürdigkeit kostspielige Operation einlässt. Das heißt: Es muss grundsätzlich gemeinsam strategisch gedacht und gehandelt werden. Die Rolle Deutschlands kann nicht nur darin bestehen, bündnistreu zu sein oder in engem Schulterschluss mit den USA zu handeln. Dies ist kein Wert an sich.

Es stellt sich die Frage, welche strategischen Herausforderungen in nächster Zukunft auf die Allianz zukommen und was diese für die strategischen Interessen Deutschlands und vor allem Europas bedeuten.

Das strategische Konzept von 2022 deckt dies nicht ab. Es ist vielmehr das Ergebnis von Verhandlungen über die Einschätzung von Bedrohungsanalysen, verbunden mit Absichtserklärungen. Strategisches Denken erfordert das Abwägen von Handlungsoptionen, einschließlich des berühmten „Worst-Case-Szenarios", des „schlimmsten Falls". Das Konzept „nur keine schlafenden Hunde wecken" oder „nur nicht provozieren, nicht eskalieren" führt in die Irre.

Mit dem „schlimmsten Fall" allerdings hatte in der NATO, vor allem in Deutschland, niemand gerechnet. Der schmähliche Abzug aus Afghanistan im August 2021 war noch nicht verarbeitet, als Geheimdienstinformationen über einen bedrohlichen Truppenaufmarsch Russlands an der Grenze zur Ukraine bekannt wurden. Wladimir Putin hatte zudem in einem Aufsatz, publiziert auf Englisch, die unabhängige Ukraine zu einem Projekt des Westens erklärt, gegen das Russland sich wehren müsse (s. o.). Der Westen habe, so Putin, per Staatsstreich ein Nazi-Regime in Kiew etabliert. Britische und US-Geheimdienste warnten vor einem Angriff. Deutsche und französische Geheimdienste tendierten zur Beruhigung: Das ist alles nur Drohgebärde. Weit gefehlt. Es kam anders.

Für die NATO schälen sich nun drei Szenarien heraus, mit denen das Bündnis JETZT konfrontiert ist und auf deren Entwicklung es sich schnell aktiv einstellen muss, schon weil Einigkeit unter den Alliierten erst noch hergestellt werden muss und dies sehr schwierig sein wird.

Ein Szenario betrifft Osteuropa, die Beendigung des russischen Krieges in der Ukraine und die Zeit danach. Ein zweites Szenario hat mit der Entwicklung in den USA zu tun: Wird – unabhängig vom Ausgang der Präsidentenwahl – die US-Regierung der NATO weiter den hohen Stellenwert vergangener Zeit einräumen? Die Wahlkampfäußerungen des Kandidaten Trump verstärken Bedenken. Auch bei den Demokraten sind Tendenzen zu erkennen, die Europa besorgen müssen. Und ein drittes Szenario betrifft Asien: Was geht die NATO ein Krieg um Taiwan an?

In allen drei Szenarien geht es um den Kern des Militärbündnisses. Seine Fähigkeiten zur Planung und Durchführung militärischer Operationen stehen im Vordergrund.

In der Unterstützung für die angegriffene Ukraine hat die NATO bisher Einigkeit gezeigt. Dass dieser Krieg so schnell wie möglich enden möge, ist gemeinsame Auffassung aller. Aber was dann? Selbst innerhalb der deutschen Regierungskoalition wird ja darüber gestritten, wie weit die Unterstützung der Ukraine „so lange wie nötig" gehen soll. Soll die Ukraine den Krieg „gewinnen" und Deutschland alles tun, um das überfallene Land dabei zu unterstützen? Oder soll die Ukraine ihn „nicht verlieren", Russland ihn „nicht gewinnen" und was heißt dies dann? Ein Waffenstillstand? Wo? Für wie lange? Wie abgesichert? Es liegt jedenfalls im strategischen Interesse Deutschlands, dass Russlands Angriffskrieg scheitert. Dafür muss Deutschland, gemeinsam mit seinen Partnern, alles in seiner Macht Stehende tun, um der Ukraine zum Sieg zu verhelfen.

Wahrnehmbare Zögerlichkeit der Verantwortlichen ist kein Ausdruck von Nachdenklichkeit oder überlegtem Handeln, sondern spielt dem Kriegsherrn in Moskau in die Hände, weil er darin eine Bestätigung seines Vorgehens erkennen kann, das auf schrittweise Untergrabung des Willens zur Unterstützung der Ukraine setzt.

Wenn Russland diesen Krieg trotz westlicher Unterstützung der Ukraine gewinnen sollte (Worst-Case-Szenario), wird die strategische Bedrohung der NATO und der EU (und damit auch Deutschlands) akut. Dann wird ein siegreiches, aggressives, feindseliges Russland der direkte Nachbar an der Ostgrenze von NATO und EU sein. Dann wird die Furcht vor weiterer Aggression den Kalten Krieg als die „gute alte Zeit" erscheinen lassen.

Wer oder was sollte die russische Führung nach einem Sieg in der Ukraine davon abhalten, von dem eroberten Land aus den „bedrohten" Russen in Transnistrien zu Hilfe zu eilen, die in einem Streifen östlich des Dnjestr leben, der völkerrechtlich zu Moldawien gehört? Rumänien, EU- und NATO-Mitglied, könnte wohl kaum zusehen, wie die verwandten rumänisch-sprachigen Moldawier von Moskau mit Gewalt „zur Räson" gebracht werden. Entsprechende Drohungen sind aus Moskau bereits zu vernehmen.

Oder was passiert mit Georgien, wo die russischen Truppen 40 Kilometer vor der Hauptstadt Tiflis stehen, auf besetztem georgischem Territorium? Wer soll Moskau dann daran hindern, nach einem Sieg in der Ukraine auch Georgien „heim ins Reich" zu holen und sich mit der Beherrschung der georgischen Küste endgültig zur Vormacht im Schwarzen Meer zu machen? Das würde selbst von dem jetzt noch mit Russland kooperierenden NATO-Mitglied Türkei wohl kaum mit einem Schulterzucken hingenommen werden. Und was ist mit Lettland, wo die dort lebenden Russen angeblich, so Putin, „wie Dreck" behandelt werden? Wann will er die retten?

Es ist ganz offensichtlich, dass Lettland und auch die beiden anderen baltischen Staaten Estland und Litauen nur durch die Mitgliedschaft vor allem in der NATO, aber auch in der EU, sicher vor einem Angriff sind, vorausgesetzt, EU und NATO sind willens und in der Lage, ihren Beistandspflichten nachzukommen, und demonstrieren dies auch. Und dass Georgien und Moldawien denselben Schutz genießen wollen, ist ebenso offensichtlich; Beitrittskandidaten zur EU sind sie bereits. Das ist der große strategische Rahmen – und dabei sollen die Phantasmen sogenannter „Experten" im russischen Staatsfernsehen unberücksichtigt bleiben, die schon jetzt davon schwärmen, wie russische Raketen Warschau, Berlin oder London im Handumdrehen zerstören könnten.

Nein, Russland darf diesen Krieg nicht gewinnen. Deshalb muss die Ukraine ihn gewinnen und Deutschland, die EU, die NATO-Staaten müssen alles tun, damit sie dieses Ziel erreichen kann. Muss die Allianz, müssen Alliierte deshalb selbst mit eigenen Truppen in diesen Krieg eingreifen, was der französische Präsident Emmanuel Macron „nicht ausschließen" und der deutsche Bundeskanzler Olaf Scholz keineswegs zulassen will?

Innerhalb des Bündnisses herrscht keine Klarheit über die Strategie, die die NATO verfolgen soll. Der versprochene materielle Nachschub („so lang wie nötig") an Waffen und Munition bleibt aus – ihn müssen die NATO-Staaten organisieren und leisten. Die NATO als Organisation verfügt selbst nicht über Waffen.

In den USA blockierte eine Kammer des Kongresses lange die Unterstützung, die der Präsident und die andere Kammer beschlossen haben – ein Beispiel dafür, was in Demokratien immer wieder passieren kann. Auch in anderen NATO-Staaten wird – unter anderem aus innenpolitischen Gründen – nur zögerlich geliefert. Wie lange kann die Ukraine noch durchhalten? Was ist von den westlichen Treueschwüren zu halten? Ein Sieg Russlands wäre nicht nur eine Katastrophe für die Ukraine, sie stellte angesichts der bisherigen Bekundungen wiederum ein komplettes Versagen des „Westens" dar, ein totaler Verlust eigener Glaubwürdigkeit. Die NATO und die EU stünden selbst vor einem politischen Scherbenhaufen – mit welchen Auswirkungen?

Wenn die Ukraine überlebt (Best-Case-Szenario), wird sich die NATO (und damit auch Deutschland) darauf einstellen müssen, dass sie auf lange Zeit eine Sicherheitsgarantie für die Ukraine wird abgeben müssen, unabhängig davon, ob und wann diese der NATO beitritt. Eine solche Garantie wird nicht nur viel Geld kosten, sondern wahrscheinlich auch erfordern, dass „der Westen", in welcher Konfiguration auch immer, mit „Boots on the ground" militärische Präsenz in der Ukraine zeigt, damit das größere Russland nicht wieder einen Versuch unternimmt, sich das Nachbarland einzuverleiben.

Deshalb wird eine Beteiligung Deutschlands, das ja Führungsanspruch erhebt, an einer solchen militärischen Präsenz nach einem Ende des Krieges unausweichlich sein – mit allen Konsequenzen, die dies für die Personalstärke der Bundeswehr, ihre Ausrüstung und die Notwendigkeit für eine lange militärische und politische Durchhaltefähigkeit hat.

Die Zeit der Friedensdividende ist endgültig vorbei. Es liegt auf der Hand, dass die Kosten für einen Frieden in Freiheit wieder steigen werden. Es bedarf einer klaren Sprache und überzeugender Argumentation, dies der Öffentlichkeit in den NATO-Staaten deutlich zu machen.

Diese Kosten entstehen übrigens erst recht, sollte Russland diesen Krieg gewinnen. Denn mit einem Russland an der NATO-Ostgrenze sind umfangreiche und kostspielige Vorkehrungen zur Abschreckung ohnehin unausweichlich. Also müssen die Verantwortlichen in Politik und Militär endlich damit beginnen, die Öffentlichkeit in den NATO-Staaten darauf vorzubereiten. Der deutschen Regierung kommt dabei eine besondere Bedeutung zu, da die Geschichte seit dem Ende des Zweiten Weltkriegs hierzulande gezeigt hat, dass die Bereitschaft, die Aufgaben und die Ausrüstung der Bundeswehr mit einer hohen Priorität zu diskutieren, gering ausgeprägt ist. Vor allem in der politischen Klasse Deutschlands ist das Engagement für die Bundeswehr und das Thema Militär ganz allgemein nicht karrierefördernd. Aber einen Weg zurück zur Zeit vor dem russischen Überfall wird es nicht geben. Es wird ein gut funktionierendes Militärbündnis erforderlich sein. Darauf sollten sich die Alliierten konzentrieren.

Wie schon gezeigt, hat die NATO seit ihrem Bestehen die Sicherheit und Integrität, also auch die politische Handlungsfähigkeit, ihrer Mitgliedsstaaten ohne jede Einschränkung gesichert. Als Angriff auf ein Mitgliedsland gilt eindeutig der Übertritt gegnerischer Truppen über die Grenze. Für diesen Fall gibt es ausgearbeitete Operationspläne im Bündnis, nach denen die Armeen der Partnerländer alarmiert und eingesetzt werden. Die Kommandokette steht fest. Das Kommando übernehmen dann NATO-Kommandos, an der Spitze das von einem US-General geführte

„Alliierte Kommando (für) Operationen", das im belgischen Mons stationiert ist. Dies gilt natürlich weiterhin.

Durch den Ukraine-Krieg ist es wieder stark ins Bewusstsein der Verantwortlichen im Bündnis gerückt, die Abschreckung an den Grenzen der Allianz zu stabilisieren, in erster Linie in den baltischen Staaten. Dafür hatten sie schon 2014, nach der Annexion der Krim, beschlossen, die Truppen der baltischen Staaten durch eine rotierende Präsenz verbündeter Streitkräfte an der Grenze zu Russland zu unterstützen. Diese Präsenz wird jetzt, nach dem 24. Februar 2022, aufgestockt und verstetigt.

Doch reicht die jetzt beschlossene Verstärkung aus? Ein Risiko bleibt. Vor allem aber: Die Stationierung dieser Truppen ist in bilateralen Abkommen der baltischen Staaten mit den Entsendeländern geregelt, in Litauen also mit Deutschland. Sie ist nicht mit der NATO vereinbart. Auf dieser Basis hat Deutschland die Vereinbarung mit Litauen über die dauerhafte Stationierung einer Brigade geschlossen. Dies ist jetzt Ausfluss des aktuellen strategischen Denkens und Handelns, dessen Umsetzbarkeit aber bereits in dem gegebenen bescheidenen Umfang schon große Schwierigkeiten bereitet.

Deshalb muss die NATO *jetzt* Folgendes tun (und Deutschlands Rolle liegt darin, diesen Prozess aktiv voranzutreiben):

Sie muss die operative Funktionsfähigkeit der Streitkräfte und ihrer Kommandostruktur in der aktuellen strategischen Lage so schnell wie möglich herstellen (oder wiederherstellen), damit sie an ihrer Ostgrenze jeglichen Übergriff auf NATO-Territorium glaubhaft abschrecken kann.

Sie muss Versorgungssicherheit, Logistik, Instandsetzung und Instandhaltung der ukrainischen Streitkräfte aufrechterhalten, soweit dies außerhalb des eigentlichen Kampfgebiets möglich ist.

Sie muss die politische Kohäsion des Bündnisses aufrechterhalten, nein, verbessern, denn die Einigkeit, die zu Beginn des Krieges herrschte, ist brüchig geworden. Das ist nicht ungewöhnlich, wenn sich der Kriegsverlauf und auch die politischen Voraussetzungen für die Unterstützung in den Unterstützerländern verändert. Aber die Ratio des Verteidigungskrieges hat sich nicht verändern. Dafür muss in den NATO-Staaten geworben werden.

Es muss dringend eine gemeinsame Strategie entwickelt und diese auch demonstrativ vertreten werden, nach außen wie nach innen. Diese muss Ideen für eine europäische Sicherheitsordnung nach dem Ende des Krieges einschließen, damit langfristig ein „Modus Vivendi" mit einem besiegten, nicht gedemütigten Russland gefunden und mit verantwortlichen Politikern vereinbart werden kann.

Auch das zweite Worst-Case-Szenario bedeutet eine Zäsur. Eine Abkehr der USA von der NATO oder auch ein reduziertes Engagement für die NATO stellte einen Temperatursturz in den euro-atlantischen Beziehungen dar. Die Europäer müssen sich darauf vorbereiten, dass – unabhängig vom Wahlausgang in den USA im Herbst 2024 – die Sicherheit auf diesem Kontinent stärker von den Europäern gewährleistet werden muss. Der Streit zwischen den Atlantikern auf der einen Seite und der Gruppe, die sich für eine starke europäische Rolle einsetzt, muss in den Hintergrund treten. Europa muss handlungsfähiger werden – politisch wie militärisch. Und die Europäer, Deutschland voran, wenn irgend möglich mit Frankreich, müssen sich sehr schnell gemeinsam Gedanken darüber machen, wie sie das gemeinsame Bündnis mit Nordamerika zusammenhalten können. Eine stärker national ausgerichtete Sicherheits- und Verteidigungspolitik in Paris wäre ein ernstes Hindernis für eine neue europäische Sicherheitsordnung. Eine solche Politik könnte zur Konsequenz haben, dass der Graben zwischen den

USA und den Europäern tiefer wird oder diesen keine Wahl mehr bleibt, als sich der US-Politik unterzuordnen. Oder hat Deutschland eine Vorstellung, ein Konzept und den Willen, einer solchen Entwicklung etwas entgegenzusetzen?

Auch hier ist unbestreitbar, dass es im strategischen Interesse Deutschlands liegt, dieses transatlantische Bündnis nicht nur zu erhalten, sondern auch dafür zu sorgen, dass es handlungsfähig bleibt. Dabei werden die militärischen Fähigkeiten der ausschlaggebende Faktor sein, wenn die USA ihr Engagement reduzieren sollten. Das „Project 2025" der Heritage Foundation, die eine zweite Amtszeit von Donald Trump vorbereitet, schlägt dazu vor: „Die NATO transformieren, sodass die Alliierten der USA fähig sind, den großen Teil konventioneller Streitkräfte zur Abschreckung Russlands zu stellen und den USA hauptsächlich die atomare Abschreckung und die Wahl anderer Fähigkeiten zu überlassen; zugleich die Truppenpräsenz der USA in Europa reduzieren." Planspiele dieser Art müssen für die Europäer Grundlage der eigenen Überlegungen sein. Auf sie nicht einzugehen, wäre fahrlässig. Nicht nur der Krieg in der Ukraine zeigt, dass die Europäer nach jetzigem Stand nicht in der Lage sind, das militärische Engagement der USA zu ersetzen oder auszugleichen.

Damit ist eine stärkere Rolle Europas für die eigene Sicherheit noch drängender. Sie ist eine zentrale Frage sowohl in der inneramerikanischen als auch in der innereuropäischen Diskussion. Deutschland muss in dieser Frage Position beziehen. Und schon nähern wir uns der seit Langem vor allem von Frankreich angeregten Debatte über eine „strategische Autonomie Europas" an. Es wird höchste Zeit, dass sich die Verantwortlichen in Berlin und den anderen EU-Hauptstädten die Mühe machen, auf die Ideen aus Paris einzugehen und sie zu einer kohärenten Politik entwickeln, wenn denn Paris als Ideengeber noch taugt.

Nur mit einem kohärenten Konzept zur strategischen Autonomie, das von den großen Akteuren in Europa gemeinsam getragen wird – also vor allem Deutschland und Frankreich sowie Polen, Italien und Spanien – können die Europäer ihre Sicherheitsinteressen nachhaltig selbst gestalten. Dass dies auch in der amerikanischen Diskussion jene stärkt, die euro-atlantisch ausgerichtet sind, ist ein positiver Nebeneffekt.

Zugleich können die Akteure damit jeden Versuch des Kremls im Keim ersticken, einen Keil zwischen Europa und Nordamerika zu treiben – die Europäer wären schlicht nicht mehr erpressbar.

Unabhängig vom Ausgang der Wahlen in den USA im November 2024 liegt es im unmittelbaren strategischen Interesse Europas und damit auch Deutschlands, ein neues Verhältnis zwischen den USA und den Europäern, zwischen NATO und EU, aktiv zu gestalten. Die Arbeit daran muss JETZT erfolgen, und zwar mit Nachdruck. Denn die Zeit für Entscheidungen könnte knapp werden.

Somit gilt als Zwischenfazit festzuhalten: Es liegt im strategischen Interesse der NATO-Alliierten, also auch Deutschlands, sich jetzt ernsthaft und konkret mit der Rolle der USA für die Sicherheit Europas zu befassen:

► Die inneramerikanische Debatte muss schon jetzt in Rechnung gestellt werden. Das heißt, dass man sich auf eine spürbare Verringerung des militärischen Engagements der USA in Europa einstellen muss.

► Diese Überlegungen dürfen nicht erst nach dem Wahltag im November 2024 oder einer möglichen Amtsübergabe im Januar 2025 beginnen. Die Zeit drängt. Solche Überlegungen sind auch ein Zeichen für die amerikanische Öffentlichkeit, dass die Europäer Verantwortung zu übernehmen bereit sind. Damit erkennen diese zudem an, dass die Sicherheitslage in der Welt auch andere Regionen umfasst als nur die europäische oder die transatlantische. Eine Rückkehr zu früheren Zeiten ist nicht denkbar.

▶ Es müssen konkrete Ideen darüber entwickelt werden, wie eine Arbeitsteilung zwischen NATO und EU für die Sicherheit in Europa aussehen soll. Dabei gilt weiterhin, dass in der NATO die USA (und niemand sonst) militärische Führungsnation sind und bleiben werden, dass nur die EU (und nicht die NATO) über die Fähigkeit verfügt, an der Seite der USA nicht militärische sicherheitspolitische Maßnahmen zu treffen.

Die fundamentale Änderung der Weltlage zeigt auch das dritte (Worst-Case-)Szenario, das ebenfalls keineswegs auszuschließen ist: ein Krieg zwischen den USA und China bei dem Versuch Pekings, eine „Wiedervereinigung" mit Taiwan gewaltsam herzustellen. Jedenfalls halten Experten in den USA dies für möglich, und der chinesische Präsident Xi Jinping schließt die Anwendung von Gewalt ausdrücklich nicht aus.

Dies würde aber keineswegs bedeuten, dass ein solcher Krieg abliefe wie seinerzeit der in Vietnam, wo die USA ebenfalls einen Krieg in Asien ausfochten („für die freie Welt"), an dem das Bündnis nicht beteiligt war. Diesmal werden die ökonomische Bedeutung Chinas und Taiwans für die Weltwirtschaft und der Umstand, dass dies ein Krieg zwischen zwei Großmächten in ihrem „Wettbewerb" (Wortwahl der US-Regierung) um die Vorherrschaft wäre, auch die europäischen Alliierten zur Solidarität zwingen. Die Sicherheitsstrategie der USA setzt dies ohnehin voraus, setzt sie doch ausdrücklich auf das solide Netzwerk von „Freunden und Alliierten" der USA: „Den US-Interessen ist am besten gedient, wenn unsere europäischen Alliierten und Partner eine aktive Rolle im Indopazifik spielen, einschließlich des Einsatzes für die Freiheit der Schifffahrt und die Aufrechterhaltung für Frieden und Stabilität in der Straße von Taiwan." (US-Sicherheitsstrategie, s. o.). Um wie viel dringlicher wäre eine „aktive Rolle" der europäischen Alliierten und Partner in der Straße von Taiwan, wenn es dort zu einem Krieg käme. Das heißt nichts anderes, als dass die NATO – und damit auch Deutschland – mit einem Szenario rechnen muss, in dem die Führungsmacht USA reale, auch militärische Unterstützung in einem großen Krieg in Asien einfordern könnte.

Dabei spielen auch die Interessen der Europäer eine bedeutsame Rolle. Die Freiheit der Seewege, auch in Asien, ist für das wirtschaftliche und damit auch das politische Leben in Europa immens wichtig. Europa erhält aus der Region und über die Meere Rohstoffe für seine Produktion. Europa liefert nach und erhält aus Asien Fertiggüter in großem Umfang. Europäische und deutsche Firmen haben Kapital in der Region investiert. Frankreich hat Interessen in seinen dort gelegenen Überseegebieten. Sollte dort ein Krieg ausbrechen, sind europäische Interessen auch über die Solidarität mit dem US-amerikanischen Bündnispartner betroffen. Europa wird also involviert sein. Ein solcher Krieg würde uns angehen!

Entsprechend hat Deutschland die Aufgabe und die Chance, die Erweiterung des strategischen Blickwinkels der NATO, die bereits begonnen hat, zügig weiterzutreiben.

► Die Divergenz der Konzepte von „Global NATO" und NATO als „Garant für Sicherheit im transatlantischen Raum" muss überwunden werden. Die Kooperation mit Partnern in Asien muss auf eine neue Stufe gehoben werden. Dabei müssen eigene Interessen die wesentliche Rolle spielen. „Global NATO" ist nicht als Instrument US-amerikanischer Außenpolitik misszuverstehen.

▶ Erstrebenswert ist gerade mit Blick auf Asien eine Allianz demokratischer Mächte. Den Anstoß dazu sollte die EU geben, die eine ökonomische Großmacht ist, die über eigene Interessen auch in Asien verfügt.

So ergibt sich, dass der strategische Umbruch, der für die NATO bereits vor einigen Jahren begonnen und die Allianz schon spürbar verändert hat, die jetzt entscheidenden Perspektiven noch gar nicht abdeckt. Die Schlussfolgerungen, die bisher gezogen worden sind, erweisen sich als unzureichend. Eventuell gehegte politische Hoffnungen (die vor allem aus der Wirtschaft immer wieder zu hören sind), dass schon alles nicht so schlimm kommen und das Bündnis eines nicht so fernen Tages („nach dem Krieg") in alte Bahnen zurückfinden wird, sind bestenfalls naiv.

Das Militärbündnis kann Verteidigung organisieren und glaubhaft vor Angriffen abschrecken. Dies ist seine Kernaufgabe. Diese in den kommenden Jahren zu erfüllen, wird großer Anstrengungen bedürfen – politischer, konzeptioneller und nicht zuletzt finanzieller Art. Dafür muss die politische Führung sorgen.

Umso größer ist die Aufgabe, die jetzt insgesamt in der NATO, insbesondere von Deutschland, zu erfüllen ist. Denn bei allen Unwägbarkeiten, die mit der laufenden Kriegshandlung und mit den Entwicklungen im strategischen Umfeld der NATO verbunden sind, ist eines klar: Die Erwartungen, die vor allem die engsten Verbündeten Frankreich und die USA an Deutschland richten, sind immens.

Das betrifft Erwartungen sowohl hinsichtlich der operativen Ausrichtung des militärischen Beitrags der Bundeswehr inklusive der dazu notwendigen Ausrüstung als auch die konzeptionelle Ausrichtung der politischen Planung für die Zukunft des Bündnisses. Und diese Erwartungen gehen keineswegs automatisch in dieselbe Richtung. Deutschland muss sich also, eigentlich wie bisher, auf zum Teil widersprüchliche, jedenfalls zuweilen nicht kompatible Erwartungen an seine Haltung und Rolle vonseiten seiner wichtigsten Partner einstellen. Das ist nicht neu, aber angesichts der veränderten geostrategischen Lage eine tatsächlich große Herausforderung.

Welche Zukunft hat die EU?

Auch in Bezug auf die Zukunft der EU steht die Politik vor der Herausforderung, strategisch denken und handeln zu müssen. Die multiplen Krisen der vergangenen Jahre haben die EU an die Grenzen ihrer Handlungsfähigkeit gebracht. In der Pandemie ist sie noch über sich hinausgewachsen und hat in einer akuten Gesundheitskrise für alle Menschen in der gesamten Union für schnelle Aktionsmöglichkeiten gesorgt. Ob die aus den dabei gemachten Erfahrungen abgeleiteten Konzepte für eine Europäische Gesundheitsunion je Wirklichkeit werden (s. o.) ist schon nicht so sicher. Dies wird davon abhängen, ob die Mitgliedstaaten bereit sind, den gemeinschaftsrechtlich organisierten Rahmen der EU auszuweiten und weitere Regelungskompetenzen an die EU abzugeben.

Die EU hat in einem großen Kraftakt auch ein umfassendes Wirtschafts- und Investitionsprogramm auf den Weg gebracht, um die wirtschaftlichen Schäden aus der Pandemie zu beheben und ihre ökonomische Entwicklung insgesamt dabei zugleich auf eine zukunftsträchtige wie auch nachhaltige Ebene zu bringen: „Next Generation EU" und „EU Green Deal". Die EU ist schließlich ein weitgehend integrierter übernationaler Wirtschaftsraum. Damit verbunden sind mannigfache Änderungen ihrer Funktionsweise (EU-Kreditaufnahme, massive Transfers), die immer an der Grenze zum vertragsgemäß Zulässigen kratzen. Ob diese „einmalige und außerordentliche" Maßnahme (der gemeinschaftlichen Kreditaufnahme), so die Formulierung in Berlin, tatsächlich einmalig und außerordentlich bleibt oder der Einstieg in die in Deutschland verteufelte „Transferunion" ist, wird sich weisen. Ausgeschlossen ist es nicht, von einigen, von Frankreich zum Beispiel, ist es sogar ausdrücklich gewünscht.

In der Sicherheits- und Verteidigungspolitik ist die EU seit dem russischen Krieg in der Ukraine ebenfalls mehr denn je gefordert, denn nur sie, nicht die NATO, verfügt über die Möglichkeit, wirtschaftlichen und finanziellen Druck auf den Angreifer auszuüben, um ihn zur Beendigung der Aggression zu zwingen – oder zumindest den Preis für die Aggression zu erhöhen. Aber hier stößt die Union schon schnell an die Grenzen ihrer Handlungsfähigkeit.

Zum einen erweist sich, wie schwierig – und vor allem zum Teil langwierig – es ist, Sanktionen tatsächlich zu beschließen und dann auch effektiv umzusetzen. Jeder Sanktionsbeschluss bedarf der Einstimmigkeit im Ministerrat, sodass jeder Mitgliedstaat seine Zustimmung an die Erfüllung besonderer Wünsche knüpfen kann – sei es wegen besonderer wirtschaftlicher Interessen und Abhängigkeiten (von Russland), sei es aus Gründen abweichender politischer Einschätzung (Ungarn, Slowakei), sei es aus Gründen, auf anderen Gebieten etwas für die Zustimmung einhandeln zu können. Als Meister dieser Basar-Strategie hat sich immer wieder Ungarns Ministerpräsident Viktor Orbán erwiesen. So mussten Entscheidungen verschoben werden in einer Zeit, in der keine Zeit für die Verschiebung von Entscheidungen war.

Zum anderen hat die EU, d. h. die EU-Kommission als Exekutive, kaum Befugnisse, die Umsetzung der beschlossenen Sanktionen sicherzustellen. Das ist allein Sache der Mitgliedstaaten. Aber selbst da, wo die EU tätig geworden ist, wie zum Beispiel beim Organisieren einer gemeinsamen Beschaffung von Munition, um sie an die Ukraine weiterzureichen – ausgerichtet am Beispiel der als erfolgreich gepriesenen gemeinsamen Beschaffung von Impfstoff während der Pandemie –, scheiterte sie zunächst kläglich. Die Mitgliedstaaten waren nicht willens, etwa die von der Europäischen Verteidigungsagentur ausgehandelten Rahmenverträge für die Beschaffung von Munition auszuschöpfen. Das jedenfalls beklagte der EU-Außenbeauftragte Josep Borrell, der ja auch Vizepräsident der EU-Kommission, also der Exekutivbehörde ist. Die aber kann hier gar nichts tun, weil die Beschaffung von Munition in der Zuständigkeit der Mitgliedstaaten liegt. Einige Mitgliedstaaten, darunter vor allem Frankreich, hatten zuerst durchgesetzt, dass mit Geld aus dem EU-Haushalt nur Munition aus EU-Produktion gekauft werden darf – wo freilich nicht genügend produziert wird, während EU-Staaten kein Problem damit haben, selbst Munition in Südkorea oder den USA zu kaufen. Aber das ist ja nationales Geld. Wenn die für EU-Geld geltende „Buy European"-Regel unter normalen Bedingungen sicher noch sinnvoll erscheinen mag, war sie vor dem Hintergrund akuten Munitionsmangels in einem Krieg, in dem die EU den unter Munitionsmangel leidenden, mit ihr formal assoziierten Staat unterstützt, nur noch absurd. Diese Blockade hat Frankreich dann im Licht der militärischen Entwicklungen aufgegeben. Der Vorfall zeigt aber, wie fragil die rechtliche Grundlage ist, auf der die EU sicherheitspolitisch handeln kann.

Hintergrund dieses skurrilen Streits ist die Tatsache, dass Sicherheits- und Verteidigungspolitik nicht zum gemeinschaftsrechtlich organisierten Kompetenzbereich der EU und ihrer Organe gehört. Sie ist und bleibt vollständig in der Verantwortung der Nationalstaaten, die sich, wenn sie es wollen, zu allerlei Kooperation verabreden können. Aber darüber hinausgehende Handlungsfähigkeit hat die EU selbst nicht. Nur im Bereich der Rüstungsindustrie, also im wirtschaftlichen Bereich, hat sie die Befugnis, Regeln zu setzen und etwa Forschungsaktivitäten aus dem EU-Haushalt zu subventionieren. Der Versuch, in einem Fall von Dringlichkeit darüber hinaus zu gehen und, in diesem Fall, Munition zentral zu beschaffen, wie es der EU im Falle des Impfstoffs in der Corona-Krise erfolgreich gelungen ist, traf also zunächst wieder auf nationalen Widerstand und wurde so unnötig verzögert.

Für die Zukunft geht es also darum, dass die EU, wenn sie tatsächlich ein geopolitisch zählender Akteur sein will, die Befugnisse erhält, die sie dazu benötigt, und zwar jenseits des rüstungsindustriellen Komplexes, der ja im Übrigen auch keineswegs auf die Mitgliedstaaten der EU und auf deren Märkte begrenzt ist. Das aber bedeutete zugleich, anders als bei der NATO, dass die Nationen eine Einschränkung ihrer rein nationalen Außen- und Sicherheitspolitik hinnehmen müssten.

Die Europäer stehen im Rahmen der EU vor genau denselben Herausforderungen wie im Rahmen der NATO. Nur die strategisch relevanten Szenarien, denen sich die politisch Verantwortlichen in den Hauptstädten bei ihrem Denken und Handeln widmen müssen, unterscheiden sich.

Zunächst ist die dringendste „Baustelle" der EU (Szenario 1) natürlich auch der russische Krieg in der Ukraine und dessen Ausgang. Die Ukraine hat inzwischen den Status eines Beitrittskandidaten, ohne dass klar wäre, wann und unter welchen Bedingungen dieser Beitritt praktisch vollzogen werden kann. Klar ist aber, dass eine freie, unabhängige Ukraine im strategischen Interesse der EU liegt, damit für sie die Bedingungen erfüllt sind, der Ukraine zu einem möglichst schnellen Wiederaufbau nach dem Krieg zu verhelfen.

Die Erweiterung der EU um die Ukraine und andere osteuropäische Staaten wie denen des Balkans ist deklarierte Politik der deutschen Bundesregierung. Klar ist damit auch, dass die EU dann eine ganz andere sein wird als sie es jetzt ist.

Aber auch für den Beitritt zur EU gibt es Kriterien, die erfüllt sein müssen. Wann und ob dies der Fall sein wird, ist nach wie vor offen (Demokratie, keine Grenzkonflikte, Fähigkeit zur Übernahme des „Acquis communautaire" – der EU-Gesetzgebung). Die Erfüllung dieser Kriterien muss Voraussetzung für den Beitritt sein.

Für die Zukunft der EU stellt sich die Frage, ob es das strategische Ziel sein kann, so viele europäische Staaten aufzunehmen wie irgend möglich – und damit eine Gemeinschaft friedlich zusammenlebender und miteinander kooperierender Staaten zu schaffen. Das wäre sicher nicht schlecht.

Oder soll sich die EU zu einer geopolitisch aktiven Macht entwickeln, die „strategische Autonomie" zur Vertretung genuin europäischer Interessen im globalen „Wettbewerb" der Großmächte entwickeln soll und kann. Daran haben aber wahrscheinlich nicht alle Mitgliedstaaten ein Interesse. Diejenigen, die ein solches Interesse formulieren, meinen womöglich nicht dasselbe.

Szenario 1 für die EU ist also spätestens jetzt, sich angesichts des Krieges in Europa und der veränderten Lage in der Welt ihrer selbst und ihrer angestrebten Rolle zu versichern. Das alte Dilemma zwischen einem umfassenden, auf wirtschaftliche Kooperation konzentrierten Bund europäischer Nationen und einem kleineren, aber geopolitisch aktiven Macht-Europa ist wieder virulent. Ein Weiter-wie-bisher wird nicht funktionieren. Vor allem die Positionen Deutschlands und Frankreichs, die zusammen den „Motor Europas" bilden, sind zurzeit nicht kompatibel. Es wird strategisches Denken und Handeln erfordern, diese Kluft zu überwinden. Keine Entscheidung ist auch eine Entscheidung. Aber spätestens am Ende dieses Krieges steht eine solche Entscheidung an. Am besten wäre es, sich jetzt darauf vorzubereiten und die Folgen abzuwägen.

Die EU muss also, und das ist längst überfällig, mehr Klarheit über ihre eigene Zukunft schaffen – für sich und andere. Eine „Konferenz zur Zukunft Europas" hat eine Reihe von Vorschlägen erarbeitet, die aber bisher unter dem Radar der öffentlichen Wahrnehmung bleiben. Hier muss Deutschland, möglichst gemeinsam mit anderen – vor allem Frankreich – endlich aktiv und konkret werden, auf vorliegende Konzepte eingehen oder eigene zur Diskussion stellen.

► Die EU muss sicherstellen, dass ihre nochmalige Erweiterung um konfliktgepeinigte Staaten im Osten und Südosten des Kontinents nach den von ihr gesetzten Regeln abläuft.

► Das wird schwierig, weil es nicht nur Konflikte gibt, die noch einer Lösung bedürfen. Die meisten der Kandidaten verfügen auch (noch) nicht über die demokratische Grundausstattung, die in der EU erforderlich ist. Die Erfahrungen mit „illiberaler" Demokratie innerhalb der EU sind abschreckend.

► Deshalb muss zeitgleich ein Prozess für die Schaffung eines neuen Vertrags europäischer Staaten in Gang gesetzt werden, der eine kleinere, engere, ausdrücklich politische Union schafft, die über demokratische Befugnisse und Mittel verfügt, europäische Interessen im „Wettbewerb" der Großmächte eigenständig zu vertreten. Diese „kleinere" Union muss offenbleiben für alle Mitglieder der EU.

▶ Dazu gehört dann auch die Fähigkeit, „strategische Autonomie" zu entwickeln, die es erlaubt, die Sicherheit für ihre Mitglieder zu garantieren (Art. 42 Abs. 7), entweder im Rahmen der NATO, wie jetzt vorgesehen, oder auf andere Weise.

▶ Dazu gehört auch, dass die Europäer ihre rüstungsindustrielle Basis konsolidieren, weil sie diese als strategische Industrie begreifen, die sie von technologischer Entwicklung potenzieller Konkurrenten, auch den USA, unabhängig macht.

Auch die Entwicklung in den USA (Szenario zwei) ist für die EU von großer Bedeutung. Einerseits ist das transatlantische Bündnis der beiden großen Demokratien USA und EU mit zusammen fast 900 Millionen Menschen ein globaler Machtfaktor an sich, und zwar ein beruhigender, stabilisierender. Andererseits ist das Verhältnis zwischen der Weltmacht USA und dem Staatenbund aus 27 europäischen Nationen (und mehr) durchaus kompliziert. Im wirtschaftlichen Bereich ist es von Wettbewerb und Interessengegensätzen geprägt, im sicherheitspolitischen Bereich schwankt es zwischen Unterordnung und Selbstbehauptung oder gar Konkurrenz.

Auch hier gebietet strategisches Denken und Handeln, sich auch auf eine Entwicklung vorzubereiten, die zu einer Konkurrenzlage zwischen den USA und der EU führen kann. So könnte es auch zwischen diesen beiden zu einem Handelskrieg kommen. Wird die EU geschlossen darauf reagieren können – hier hat sie die ausschließliche Kompetenz – und wollen? Oder werden einige Mitgliedstaaten sich lieber selbst mit Washington arrangieren – und damit eine Kernkompetenz der EU aushebeln? Schon während der Pandemie sind Lieferketten zerrissen. Das hat erheblichen wirtschaftlichen Schaden angerichtet. Um wie viel größer könnte ein Schaden sein, der zwischen zwei so potenten und eng miteinander verflochtenen Wirtschaftsräumen wie der EU und Nordamerika entstünde, wenn es etwa über Strafzölle zu wie auch immer begründeten Handelsbeschränkungen käme?

Es liegt im strategischen Interesse der EU und ihrer Mitgliedstaaten, die engen Verbindungen zu den USA zu erhalten und zu stärken. Das ist einerseits keine neue Erkenntnis, andererseits aber in diesen Zeiten strategischer Umbrüche unter Umständen nicht leicht zu erreichen. Denn es verlangt auch, dass es gelingt, in dieser Verbindung ein neues Verhältnis zwischen EU und NATO festzulegen (s. o.). Dafür ist aber auch die EU noch nicht bereit, da Verteidigung ja (noch) nicht zu ihren Aufgaben gehört. Auch an diesem Szenario gilt es jetzt zu arbeiten.

► Hier muss die EU, die eine Regelungskompetenz in der Handelspolitik besitzt, vor allem Einigung unter den Mitgliedstaaten darüber herbeiführen, dass Welthandel nicht einfach eine „privatwirtschaftliche" Aktivität ist. Handelspolitik ist hochpolitisch und wird zunehmend politischer, wenn andere, vornehmlich autoritäre Großmächte, ihre Handelspolitik zur politischen Einflussnahme einsetzen. Das gilt auch für die USA, die Konkurrent sind. Die EU muss diese geopolitische Rolle annehmen wollen und können.

► „Wandel durch Handel" hat sich als Irrweg entpuppt. Deshalb muss die EU, muss vor allem auch Deutschland, die bestehenden Gesprächsplattformen mit dem engen Partner USA über Handel, Innovation etc. intensiv nutzen, um möglichst freien Austausch zu gewährleisten und gemeinsam mit den USA für entsprechende Regeln der Weltwirtschaft sorgen.

► Als solider handels- und wirtschaftspolitischer Partner der USA muss die EU dann auch ihre Rolle als sicherheitspolitischer Akteur definieren und Verfahren vereinbaren, mit denen sich EU und die USA bzw. die NATO nicht nur punktuell auf Arbeitsebene, sondern auch auf politischer Ebene regelmäßig miteinander abstimmen.

Die Gefahr eines Krieges zwischen den USA und China wegen Taiwan (Szenario drei) wirft die Frage auf, ob und wie dieser auch die EU betreffen könnte. Tatsächlich wird sich auch die EU der Solidarität mit dem traditionellen und demokratischen Partner USA gegenüber dem in dieser Frage aggressiv handelnden, autokratischen Rivalen China am Pazifik nicht verschließen können. Dies wiegt umso schwerer, als China und Taiwan wichtige Wirtschaftspartner der EU sind, die dann wegen eines Krieges ausfielen und/oder mit Sanktionen belegt werden müssten. Außerdem darf nicht ignoriert werden, dass mit Frankreich und seinen Territorien im Pazifik (Neu-Kaledonien, Polynesien) auch die EU selbst von einem Krieg in der Region betroffen wäre. Es liegt also im strategischen Interesse der EU, auch dieses Szenario in die Überlegungen zu einer geopolitischen Rolle der Union einzubeziehen.

Für die EU und ihre sicherheitspolitische Rolle kommen allerdings noch zwei weitere Szenarien hinzu, die in jüngster Zeit große Relevanz erlangt haben: die Entwicklung in Afrika, insbesondere in Nord- und Westafrika (Szenario vier) sowie die Entwicklung der Migration nach Europa (Szenario fünf).

Es ist daran zu erinnern, dass noch in der nationalen Verteidigungsstrategie Frankreichs von 2018 der Terrorismus in Nordafrika an erster Stelle der Bedrohungen für die nationale Sicherheit standen (Szenario vier). Und seit den Militärputschen in Mali, Burkina Faso und Niger im Jahr 2023, allesamt im einst von Frankreich dominierten Sahel und von in Frankreich (und Deutschland) ausgebildeten Offizieren ausgeführt, hat die Lage in diesem Teil der Welt für Europa noch an strategischer Bedeutung gewonnen. Hinzu kommt eine ständig unsichere Situation im Tschad, der im Norden an Libyen und im Osten an den Sudan grenzt und wo seit Jahren Bürgerkriege toben. Auch der Militärputsch in Gabun 2023 hat die Stellung Frankreichs in Afrika weiter geschwächt.

Frankreich hat deshalb seine Militärpräsenz dort inzwischen beendet – bis auf ein kleines Kontingent im Tschad. Deutschland wollte sie noch in kleinem Rahmen im Niger aufrechterhalten. Auch die USA sind in dieser Gegend weiterhin in geringem Umfang präsent. Vor allem aber haben Milizen der vom russischen Staat finanzierten ehemaligen „Wagner-Gruppe", jetzt eine Truppe der Geheimdienste, den Platz westlicher militärischer Kräfte im Kampf gegen die Islamisten eingenommen. Moskaus neo-imperialer Arm, in Libyen und Zentralafrika schon seit Jahren spürbar, greift also verstärkt nach Afrika aus.

In diesem riesigen menschenarmen, aber rohstoffreichen Raum sind jetzt nicht nur russische, sondern nach wie vor mehrere islamistische, also terroristische Milizen aktiv, die auch manches Regime in Nordafrika bedrohen. Sie stellen damit auch eine Gefahr für die Sicherheit im Mittelmeerraum dar, denn sowohl die einst demokratische Regierung in Tunesien als auch das Militärregime in Algerien, beide mit starken Bindungen an Frankreich, sind schwach und keine Garanten für eine friedliche Entwicklung ihrer Länder.

Demnach liegt es auch im strategischen Interesse der EU, ihre geopolitische Präsenz in Afrika neu zu gestalten (d. h. überhaupt erst gemeinsam kohärent zu gestalten), damit sie wirklich Einfluss auf eine friedliche und demokratische Entwicklung am anderen Ufer des Mittelmeers geltend machen kann.

Diese Entwicklung ist aufs Engste mit den stark angestiegenen Flüchtlingsbewegungen nach Europa über das Mittelmeer verknüpft, denen sich die EU stellen muss (Szenario fünf). Denn auch diese sind zu einem Thema der Sicherheitspolitik geworden.

Ein Ende ist nicht abzusehen. Kriege und Bürgerkriege in Nord- und Westafrika sowie im Nahen Osten, aber auch der globale Klimawandel machen viele Regionen in Europas Nachbarschaft für Menschen zunehmend unbewohnbar. Wanderungsbewegungen auf der ganzen Welt, von denen bisher nur ein kleiner Teil Europa betrifft, dürften auf absehbare Zeit kein Ende finden, sich eher noch weiter ausdehnen. Und sie stoßen auf eine einheimische Bevölkerung, die zunehmend verunsichert ist und sich gegen weitere unerwünschte Zuwanderung schützen will.

Umso dringender ist es, dass die EU sich auch dieses Themas auf effektive Weise annimmt. Denn in diesen Fragen verfügt sie über eigene Verantwortlichkeit und Regelungskompetenz. Sie kann, sie muss also etwas tun. Der „Schengener Grenzkodex" regelt nicht nur die Aufhebung aller Grenzkontrollen an den Binnengrenzen der EU, sondern auch die Kontrolle der Außengrenzen. Um diese zu ermöglichen, hat die EU im Oktober 2016 die Agentur „Frontex" gegründet, die die Mitgliedstaaten an den Außengrenzen bei der Kontrolle unterstützen soll. Eine neue EU-Verordnung vom November 2019 hat dafür eine Grenz- und Küstenwache aufgestellt, die bis 2027 auf eine Personalstärke von 10.000 Personen anwachsen soll. Die EU hat also auf die große

Flüchtlingsbewegung von 2015 reagiert und ihre Handlungsfähigkeit weiter erhöht.

Dennoch liegt die letzte Verantwortung für die Grenzkontrollen und die Zuwanderung bei den Mitgliedstaaten. Bisher haben sie es nicht vermocht, sich auf eine gemeinsame Migrationspolitik zu einigen. Es liegt aber auch hier im strategischen Interesse der EU, dass sie zu einer gemeinsamen Lösung eines Problems gelangt, das nicht nur alle EU-Staaten betrifft und sie alle auf Dauer beschäftigen wird. Im Falle ihres Scheiterns geriete ein Kernstück der EU, der grenzkontrollfreie Schengen-Raum, in Gefahr. Und das Vertrauen der Menschen in die Schutzfunktion des Staates, in diesem Fall der EU, geriete weiter ins Wanken – mit tendenziell weitreichenden Folgen für das Sicherheitsgefühl der Menschen und die Stabilität unserer offenen, demokratischen Gesellschaften.

Die Zahl der Flüchtlinge aus den Kriegsgebieten in Syrien und Afghanistan, im Irak und in Ostafrika, zuletzt auch aus der Ukraine hat in den letzten Jahren immer mehr zugenommen. Ebenso hat aber auch der Widerstand in Teilen der Bevölkerung gegen die Aufnahme von Flüchtlingen, ja gegen Einwanderung generell, zugenommen und Ausdruck in politischen Parteien gefunden, die der Abschottung das Wort reden, der Errichtung einer „Festung Europa“, zu der niemand mehr Zutritt erhalten soll, der nicht erwünscht ist.

Die EU ist, wie die internationale Ordnung insgesamt, wieder einmal an einem Scheideweg. Die Krisen und Kriege der vergangenen Jahre haben zwei Dinge vor Augen geführt. Zum einen: Die Konkurrenz der Großmächte ist nicht länger ein mehr oder weniger friedlicher „Wettbewerb“ im Rahmen eines vereinbarten Regelwerks, auch wenn die Sprachregelung der US-Regierung dies in Bezug auf den Rivalen China so vorsieht. In diesem Rahmen könnte sich die EU als globale Wirtschaftsmacht gut behaupten. Ein solcher „Wettbewerb" galt vielleicht, mit Einschränkungen, für die Zeit der bipolaren Weltordnung mit den Supermächten USA und Sowjetunion, die spätestens 1991 mit der Auflösung der Sowjetunion endete. Er galt schon nicht mehr für die Zeit des „unipolaren Moments" der verbleibenden Supermacht USA in den 1990er Jahren, als Washington diesen „Wettbewerb" gewonnen zu haben glaubte. Und dies gilt erst recht nicht mehr, seit international tätige islamistische Terroristen die Supermacht USA mit Beginn des neuen Jahrtausends weltweit herausforderten und in „Forever Wars" (‚ewige Kriege'; Trump) verwickelten. In dieser Phase wuchs auch das schnell prosperierende China zu einem ernsthaften Rivalen heran, der seine Ambitionen durchaus mit machtpolitischen Mitteln auslebt: Warnungen, Bedrohungen, Einschüchterungen. Für diese Art von „Wettbewerb", der zur machtpolitischen Rivalität wurde, ist die EU nicht bereit.

Hinzu kommt, dass sich Russland, die atomare Supermacht, von diesem „Wettbewerb" ausgeschlossen sieht, weil sie, ökonomisch auf dem Niveau einer europäischen Mittelmacht, von den USA als „Regionalmacht", von China als Juniorpartner angesehen und behandelt wird. Diesem machtpolitischen Bedeutungsverlust versucht das Regime im Kreml spätestens seit 2014 mit militärischen Mitteln zu begegnen, gestützt vor allem auf pseudohistorische Ansprüche, mit denen es eigene Einflusszonen für sich reklamiert (Konzept der „russischen Welt", die über die Grenzen der Russischen Föderation hinausgeht und für die Moskau Verantwortung reklamiert). Für die EU aber ist Russland der unmittelbare Nachbar, mit dem nach der Auflösung der Sowjetunion auch ökonomischer Austausch stark gefördert wurde. Die EU hat also ein strategisches Interesse daran, dass ein gedeihliches Zusammenleben mit dem östlichen Nachbarn wieder möglich wird. Je früher, desto besser.

Die EU muss sich also einen Weg zum Ausgleich mit Russland nach dem Krieg offenhalten (Best-Case-Szenario), kann sich andererseits der Rivalität zwischen den USA und China nicht entziehen. Zu wichtig sind die beiden Rivalen für die Wirtschaftsmacht EU. Und wirtschaftliche Macht ist zu einem wichtigen geostrategischen Faktor geworden, wie die Verhängung von Sanktionen und die Gefährdung von Handelswegen zeigen. Weltwirtschaft und Geopolitik sind nicht länger zwei voneinander getrennte oder trennbare Politikbereiche. Und so ist die EU als Wirtschaftsmacht zwangsläufig zu einem geopolitischen Akteur geworden, ohne dass sie über die dafür angemessenen außen- und sicherheitspolitischen Handlungsmöglichkeiten verfügen könnte.

Auch dies kennzeichnet den strategischen Umbruch, in dem sich die Welt des „Westens" befindet. Das Bemühen um den „globalen Süden" ist mindestens so geostrategisch angelegt, wie es weltwirtschaftlich eingebunden sein muss. Wirtschaftlich aufstrebende Mächte wie Indien, Indonesien, Südafrika, Nigeria oder Brasilien sind ebenso darauf aus wie China, eine Dominanz des „Westens" abzuschütteln, und zwar ökonomisch wie weltpolitisch. Dem muss sich auch die EU stellen. Und dazu müssen ihre Mitgliedstaaten sie in die Lage versetzen.

6.2 TRANSPARENZ UND GLAUBWÜRDIGKEIT

Der strategische Umbruch der vergangenen Jahre hat also nicht nur zu Veränderungen in der Sicherheitsarchitektur geführt, der Deutschland und Europa als Teil des demokratischen „Westens" angehören. Er stellt die politisch Verantwortlichen auch vor Herausforderungen, die für die Zukunft eben dieser Architektur von entscheidender Bedeutung sind. Mehr denn je ist dafür strategisches Denken und Handeln erforderlich, und zwar gemeinsames strategisches Denken und Handeln – gemeinsam mit den Partnern der EU und den Alliierten in der NATO. Geostrategisch relevantes Gewicht wird dieses Denken und Handeln nur erhalten, wenn es einer kohärenten Strategie folgt, wenn EU und NATO jeweils geeint auftreten und auch untereinander ein Mindestmaß an Kohäsion aufweisen.

Das freilich ist leichter gesagt als getan. Sicherheitspolitik dient nicht nur der Verhinderung von Krieg oder von Erpressung von Staaten oder Regierungen. Immer deutlicher wird, dass die Sicherheit eines Landes oder einer Gesellschaft von zahlreichen Faktoren beeinflusst wird, die früher bei sicherheitspolitischen Debatten keine Rolle gespielt haben.

In Demokratien kommt es nämlich nicht nur darauf an, dass die politisch Verantwortlichen an einem Strang ziehen, dass sie wissen, was sie tun (was keineswegs immer der Fall ist). Es kommt auch darauf an, vielleicht sogar vor allem anderen, dass sie für ihre Entscheidungen die Unterstützung des Volkes, des „Demos" erhalten, dessen Vertreter die Parlamentarier sind, die über die Verwendung der Steuermittel entscheiden. Immer mehr mischen sich die Bürgerinnen und Bürger jedoch auch zwischen den Wahlen in das politische Geschehen ein. Regierungen aber dürfen sich nicht von den Stimmungsbildern leiten lassen, die Umfrageergebnisse erzeugen. Sie müssen politisch führen und für ihre rationalen Entscheidungen werben, die sie im Sinne des Gemeinwohls zu treffen haben.

Auch Sicherheitspolitik ist ein Politikbereich und unterliegt den Regeln des Politikbetriebs. Und die sind in jedem der Partnerländer anders. Aber gleich sind in allen Demokratien die Voraussetzungen dafür, dass solide und dauerhafte Unterstützung der Bevölkerung – der Wählerschaft bzw. der Steuerzahler – erzeugt werden kann: Transparenz der Entscheidungsverfahren und Glaubwürdigkeit der Entscheidungsträger.

Dazu gehört die Bereitschaft, Konflikte anzunehmen, der Wille, sie zu lösen, und die Organisation von Unterstützung für diejenigen, die die Lösung umsetzen müssen. Dies geht nicht ohne klare politische Führung. Und es geht auch nicht ohne strategisches Denken und Handeln der politischen Führung, das für die Gesellschaft nachvollziehbar sein muss, weshalb es einleuchtend erklärt gehört. Nur so kann erzeugt werden, was man „demokratische Resilienz" nennen könnte.

Damit aber war es in der Vergangenheit schon nicht gut bestellt. Umso wichtiger ist es, dass die anstehenden Neuausrichtungen, die Behandlung der vorliegenden Szenarien für die Zukunft von EU und NATO diesen Kriterien entsprechen. Die politisch Verantwortlichen, auch in Berlin, werden scheitern, wenn sie die Tragweite der anstehenden Entwicklungen nicht auch zum Gegenstand offener Diskussionen machen; wenn sie, wie so oft in der Vergangenheit, unangenehme Debatten zu vermeiden suchen, um die Menschen nicht zu beunruhigen oder mit Argumenten abzuspeisen, die zwar einleuchtend klingen, aber den Kern des Problems nicht benennen.

In Deutschland war es immer besonders schwierig, öffentlich Diskussionen über Sicherheitspolitik oder gar über den Einsatz von Militär zu führen. Nach der Katastrophe des Zweiten Weltkriegs und der Kriegsverbrechen, derer sich deutsches Militär schuldig gemacht hat, fiel es vor allem der westdeutschen Gesellschaft schwer, Vertrauen in eine neue Streitkraft zu entwickeln. Die Aufstellung der Bundeswehr 1955 war politisch sehr umstritten. Sie konnte nur gelingen, weil die Bundeswehr von Anfang an in die westliche Allianz, die NATO, eingebunden wurde (s. o.). Sie schaffte sich eine innere Ordnung, „Innere Führung" genannt, die altes militärisches Denken der Wehrmacht nicht mehr zuließ und die Soldaten als Menschen, als Staatsbürger in Uniform betrachtet. Dennoch blieb in der Gesellschaft eine Skepsis gegenüber militärischer Macht und deren Anwendung, die bis heute anhält.

So begannen die Auslandseinsätze der Bundeswehr mit einem Feldlazarett in Kambodscha, als humanitärer Einsatz im Rahmen eines UN-Mandats. Auf dem Balkan, in Bosnien, waren zuerst Pioniere im Einsatz, die Straßen und Häuser bauten, damit die Menschen in dem Kriegsgebiet wieder ein Dach über dem Kopf hatten. Der Einsatz auf dem Balkan wurde auch damit begründet, dass der Krieg zu einem Flüchtlingsstrom nach Deutschland führen und das Land im Inneren destabilisieren könne. Deshalb habe Deutschland ein großes Eigeninteresse daran, dass die Bürgerkriege auf dem Balkan enden. Das hatte nichts mit strategischem Denken und Handeln zu tun, sondern sollte einem Einsatz deutscher Streitkräfte einen rein innenpolitischen Sinn geben, von dem die politische Führung annahm, dass er den Menschen vermittelbar sei. Eher jedenfalls als ein abstrakt erscheinendes Argument, dass auch Deutschland dem damals erstmals mit Waffengewalt unternommenen Versuch in Europa entgegentreten musste, Grenzen zu verändern bzw. Herrschaft auszudehnen. Die Furcht vor massiven Flüchtlingsbewegungen hat seitdem noch größere politische Bedeutung erlangt und ist zu einem sicherheitspolitisch relevanten Thema geworden.

Dies zeigt sich insbesondere in der aktuellen zusätzlichen Gefährdung des inneren Friedens in Deutschland oder anderen europäischen Ländern durch relativ kleine, aber gewalttätige Gruppen radikalisierter Moslems, in Deutschland unterstützt von deutschen Antisemiten, die ihren Hass auf Israel auf die Straßen tragen. Dann kommt es nicht nur zu vielen kleinen und großen Übergriffen, sondern zu einem noch stärkeren Zulauf zu autoritären, meist rechtsextremen Parteien, die Schutz vor allem Fremden versprechen.

All dies zeigt, dass innere und äußere Sicherheit zusammen gedacht werden müssen. Zwar wird seit Jahrzehnten davon gesprochen, dass die Fluchtursachen in den Herkunftsländern der Flüchtlinge bekämpft werden müssen. Aber was heißt das eigentlich? Und was muss dafür getan werden? Die Ansätze für Entwicklungshilfe in den Bundeshaushalten sind dafür nicht sonderlich aussagekräftig. Dieser Etat wird auch nicht als sicherheitspolitisch bedeutsam eingeschätzt, obwohl die Minister für wirtschaftliche Zusammenarbeit Mitglied des Bundessicherheitsrates sind, eines Kabinettsausschusses, der sich geheim mit sicherheitspolitischen Fragen beschäftigt. Allerdings behandelt dieses Gremium meist „nur" Rüstungsexportanträge.

So lassen Transparenz und Glaubwürdigkeit bei der Behandlung des innenpolitisch sensiblen Themas Flüchtlingsaufnahme und Bekämpfung von Fluchtursachen sowie seiner Relevanz für die deutsche Sicherheitspolitik sehr zu wünschen übrig. „Bekämpfung der Fluchtursachen" kann sich ja nur auf die Staaten beziehen, die Menschen aus wirtschaftlichen Gründen verlassen, etwa weil sie für sich keine Aussichten auf ein Erfolg versprechendes Leben sehen. Oder wie will Deutschland die Fluchtursachen für Kriegsflüchtlinge bekämpfen? In die Kriege eingreifen, um sie zu beenden? Das ist ja wohl nicht gemeint. Oder wie will Deutschland die Fluchtursachen für politisch Verfolgte bekämpfen, die ja erst einen Anspruch auf Asyl rechtfertigen? „Bekämpfung der Fluchtursachen" wird so eher zu einem inhaltslosen Schlagwort, das mehr verschleiert als erklärt, sich aber für Sonntagsreden sehr gut eignet.

Es ist offensichtlich, dass Fluchtbewegungen auf der ganzen Welt zugenommen haben. Diese erfordern nicht nur humanitäres Handeln, indem den Flüchtlingen Schutz gewährt wird, sie haben auch eine sicherheitspolitische Dimension. Dies gilt insbesondere für Kriegsflüchtlinge, bei denen davon ausgegangen wird, dass die Flucht nur vorübergehend, auf die Dauer des Krieges beschränkt ist – wie etwa jüngst im Fall der Ukraine.

Im öffentlichen politischen Diskurs freilich werden die Kategorien von Flüchtlingen (Kriegsflüchtlinge, politisch Verfolgte, Wirtschaftsflüchtlinge) ständig, vielleicht sogar systematisch vermengt. Es liegt also auch eine strategische Notwendigkeit vor, möglichst auf europäischer Ebene eine kohärente Politik zur Bewältigung von Migration zu entwickeln, die keineswegs als ein vorübergehendes Phänomen betrachtet werden darf.

Es wird weiterhin Kriege in Europas Nachbarschaft geben, denen Menschen entfliehen wollen. Ein friedliches Europa bleibt für diese Menschen das erste erreichbare Ziel. Es wird weiterhin diktatorische Regime geben, die Andersdenkende verfolgen, denen Asyl zu gewähren ist. Es wird weiterhin Länder und Regionen geben, insbesondere im weiteren Einzugsgebiet des Mittelmeeres, die ihren Menschen keinerlei Perspektive für ein würdiges Leben bieten. Diese Menschen werden weiterhin ihr Glück in mehr oder weniger wohlhabenden, in mehr oder weniger gut funktionierenden Staaten Europas suchen. Ja, der Klimawandel wird wahrscheinlich auch dazu führen, dass ganze Landstriche unbewohnbar werden – seit Jahrtausenden Grund für Wanderungsbewegungen.

Es liegt im langfristigen, strategischen Interesse Deutschlands und Europas, in dieser sicherheitspolitischen Gemengelage, wo militärisch relevante Bedrohungen von außen und sicherheitsgefährdende, in jedem Fall die Menschen verunsichernde Entwicklungen im Inneren oft nicht mehr strikt zu trennen sind, kohärente Konzepte zu entwickeln und deren Umsetzung durch die am besten geeigneten Instrumente aufeinander abzustimmen.

7. AUSBLICK

Nach wie vor fehlt eine schlüssige Strategie für eine gemeinsame Politik – in der EU wie in der NATO, auch wenn sich beide Organisationen im Jahr 2022 jeweils auf strategische Konzepte verständigt haben. Dieses Fehlen beklagen Politiker und Journalisten schon seit Jahrzehnten. Aber die von den Politikern angeregten und beschlossenen Veränderungen betreffen in aller Regel Instrumente für militärische Interventionen. Da wurde beschlossen, schnelle Eingreiftruppen aufzustellen oder Kommandostrukturen zu verändern, um den Einsatz von Truppen gemeinsam besser zu organisieren. Was aber fehlt, ist ein gemeinsames Verständnis darüber, für welche Ziele militärische Einsätze sinnvoll erscheinen können. Die russische Aggression in Europa hat die Notwendigkeit einer klaren strategischen Orientierung noch einmal verdeutlicht.

So ergeben sich für eine neue Sicherheitsordnung Elemente, die über die reine Reform bestehender Strukturen hinausgehen. EU und NATO müssen sich nicht nur neu aufstellen: Die EU und/oder Teile von ihr muss sich als geopolitischer Akteur mit kohärenten Handlungsfähigkeiten konstituieren, wenn Europäer ihren Interessen im Wettbewerb der Weltmächte Geltung verschaffen wollen. Die NATO muss sich auf ihre Kernkompetenz militärischer Abschreckung und Verteidigung konzentrieren. Und bei all dem wird die klassische Trennung zwischen innerer und äußerer Sicherheit, zwischen Verteidigungsbereitschaft nach außen und demokratischer Resilienz im Innern, verschwimmen. Mehr noch: Verteidigungsbereitschaft und geopolitische Handlungsbereitschaft werden in den westlichen Demokratien nur funktionieren, wenn das innere demokratische Gerüst stabil ist.

In den vorigen Kapiteln wurde deutlich gemacht, dass es in fast allen Politikbereichen immens schwierig ist, inhaltlich identische Positionen unter den westlichen Staaten zu erarbeiten. Die Interessen der Mitglieder in NATO und EU sind oft nicht auf einen Nenner zu bringen. Mitgliedsstaaten der beiden Organisationen sind auch nicht in ausreichendem Maße davon überzeugt, dass eine gemeinsame Politik entwickelt werden kann. Man muss einräumen, dass auch die deutsche Bundesregierung – und nicht nur die gegenwärtig amtierende – immer wieder eine gemeinsame Haltung verhindert hat.

So war die Wende in der Energiepolitik in den 2010er Jahren, die Deutschland mit dem Ausstieg aus der Kernenergie vollzogen hat, nicht in der EU abgestimmt. Auch die bundesdeutsche Forderung nach einer EU-Position zur Gasleitung Nordstream II war wohlfeil: Alle anderen EU-Staaten waren nach der Annexion der Krim durch Russland gegen diese Gasleitung, die aus russischer Sicht auch die Aufgabe hatte, das bisherige Transitland Ukraine zu umgehen. Deutschland verhinderte die gemeinsame EU-Position.

Eine neue Sicherheitsordnung, die den Stellenwert Europas in der Welt erhält oder sogar wieder ausbaut, braucht einen größeren Zusammenhalt der europäischen Staaten in ihrem Auftreten in der Welt. Dabei muss immer bedacht werden, dass die Beschlüsse der NATO und der EU durch Voten der nationalen Regierungen zustande kommen. Nicht „die" NATO oder „die" EU ist schuld, wenn Entscheidungen fallen, deren Erklärung für die Bevölkerung den politisch Verantwortlichen Mühe macht. Beschlüsse in EU und NATO werden auf Weisung aus den Hauptstädten gefasst.

7.1 NATO KONZENTRIERT

So ist etwa der Beschluss der NATO, dass ihre Mitgliedstaaten zwei Prozent ihres Bruttoinlandsprodukts für die Verteidigung ausgeben sollen, ein Votum, dem alle NATO-Staaten, also auch die deutsche Bundesregierung, zugestimmt haben. Es ist kein Wert, den die NATO-Behörden den Nationen vorgeschrieben haben. Daher ist die Argumentation der letzten US-Administrationen, die diese mehr oder auch viel weniger diplomatisch vorgebracht haben, berechtigt: NATO-Staaten, beileibe nicht nur Deutschland, haben das selbst formulierte Ziel nicht eingehalten.

Umso wichtiger ist es, die multinationalen Organisationen, die europäische Interessen in der Welt vertreten sollen, in die Lage zu versetzen, dies auch zu tun. Ein Hindernis auf diesem Weg ist die Unterschiedlichkeit der Interessen, die immer größer wird, je mehr Staaten den Bündnissen angehören. Es gilt also, Wege zu finden, wie dennoch klare Positionen zu erreichen sind.

Für die NATO ist völlig unbestritten, dass sie die territoriale Integrität und die politische Handlungsfähigkeit ihrer Mitglieder sichert. Dies ist die von allen getragene Kernfunktion der Allianz. Alle anderen Aufgaben, die die NATO übernommen hat – zum Beispiel die Missionen zum Stabilitätstransfer oder die Missionen in Afghanistan und auf dem Balkan – wurden nicht von allen Mitgliedern getragen. Manchmal, zum Beispiel beim Einsatz in Afghanistan, sind Bündnispartner aus Missionen auch ohne Konsultationen einfach ausgestiegen oder haben ihre Strategie geändert. Dies gefährdet die Kohärenz der Aktionen der Allianz und damit deren Erfolg und so auch ihr Ansehen in der Welt.

Damit die NATO als Akteur mit dem nötigen Nachdruck wahrgenommen werden kann, muss sie sich auf ihre militärischen Kernaufgaben konzentrieren. Nur dafür ist sie zuständig. Dass die Gremien der NATO auch ein Forum für sicherheitspolitische Diskussionen sein können, ist unbestritten, gehört aber nicht zur Kernaufgabe der Organisation, sondern kann allenfalls die politischen Voraussetzungen für Aktionen schaffen. Dort sitzen Europäer und Nordamerikaner dann in einem Saal zusammen und beraten. Aktionen erwachsen daraus aber nur, wenn keiner der inzwischen 32 Mitgliedstaaten sein Veto einlegt. Oft sind schnellere Entscheidungen möglich, wenn Missionen oder Aktionen – wie im Falle Afghanistans oder jetzt der Unterstützung der Ukraine – von einer „Koalition der Willigen" außerhalb des NATO-Rahmens getroffen werden.

Es bleibt noch ein Problem zu lösen: Die unterschiedlichen Interessen europäischer Länder haben – wie gezeigt – einen Anteil an der Unschärfe der NATO-Positionen in der Welt. Daraus ergibt sich die Forderung, dass man die NATO möglichst nicht erweitern sollte, um diese Interessenvielfalt nicht noch weiter ausfransen zu lassen. Zunächst betrifft dies alle neuen Aufnahmeanträge, auch den der Ukraine.

Nun ist die NATO auch ein Bollwerk gegen die russische Expansionspolitik. Sie wurde in dem Bewusstsein gegründet, dass das demokratische Westeuropa vor einem Angriff der damaligen Sowjetunion mit ihren Verbündeten geschützt werden muss. Jetzt hat Putins Russland die Ukraine überfallen. In Moskau zirkulieren Planspiele, die noch weitere Feldzüge Russlands nicht ausschließen. Wenn die Ukraine diesen Krieg siegreich überstehen sollte, müsste dafür Sorge getragen werden, dass Russland sie in einigen Jahren nicht erneut zu unterwerfen trachtet. Daran haben auch die

Europäer ein großes Interesse. Die Bevölkerung der Ukraine will in ihrer großen Mehrheit, vor allem nach einem siegreich beendeten Krieg, nicht mit Russland vereint werden. Hier gehört die Absicherung der Integrität der Ukraine, für die der Westen sich so umfangreich engagiert hat, zu unserem Interesse. Dies ist nur sicherzustellen, wenn die Ukraine in den Genuss der NATO-Beistandsgarantie gelangt, die nur über eine Mitgliedschaft erreicht werden kann.

Die NATO muss sich also resilient machen – es darf nicht sein, dass die Wirksamkeit der Beistandsgarantie der Allianz durch Separatverabredungen einzelner NATO-Staaten – wie zwischen Russland und der Türkei – unterlaufen wird. Immer mehr drohen Parteien in NATO-Ländern in die Lage zu kommen, die Politik entscheidend in eine Richtung zu beeinflussen, die den Grundwerten der Allianz kritisch gegenüberstehen. Deswegen muss die NATO auch Überlegungen anstellen, wie sie Möglichkeiten schaffen kann, um Länder, die vielleicht nur zeitweise aus dem Wertekanon der Allianz ausscheiden, in ihren Mitgliedschaftsrechten einzuschränken.

7.2 EU REFORMIERT

Vieles, was für die NATO gilt, gilt auch für die EU. Aber die EU hat eine andere Ausrichtung. In der Europäischen Union ist das Erfordernis der Einstimmigkeit bei den meisten Beschlüssen ebenso gegeben wie bei der NATO: Beschlüsse der EU sind ebenfalls Beschlüsse der Regierungen der Mitgliedstaaten. Lediglich in den Bereichen gemeinschaftsrechtlicher Zuständigkeiten kann die EU-Kommission quasi als EU-Regierung mit in diesen Fällen mehrheitlichen Beschlüssen der Ministerräte handeln. Diese Kompetenz hat die EU in Fragen der Sicherheits- und Verteidigungspolitik zurzeit ausdrücklich nicht. Es wäre nötig, dies zu verändern. Die Europäer brauchen angesichts des möglichen Rückzugs der USA in der NATO in diesem Bereich eine eigene Handlungsfähigkeit. Sollte dies in der EU in ihrer Gesamtheit nicht möglich sein, müssen neue Formen geschaffen werden („Europa der zwei Geschwindigkeiten", s. u.).

Die Breite der Themen, mit denen die EU beschäftigt ist, weist sie bereits jetzt als einen wichtigen Akteur in der Sicherheitspolitik aus, wenn man – was zwingend erforderlich ist – einen erweiterten Sicherheitsbegriff zugrunde legt. Auch wirtschaftliches Handeln sowie Fragen des Umweltschutzes oder der Rechtsstaatlichkeit haben konkrete Auswirkungen auf die Sicherheit.

Besonders gravierend sind jedoch die rein sicherheitspolitischen Themen. Bisher haben die europäischen NATO-Staaten ihre sicherheitspolitischen Interessen in der NATO zur Geltung gebracht. Hier müssen die EU-Staaten umdenken und ebenfalls sehr schnell anders handeln.

Die Diskussionen in den USA lassen es zumindest möglich erscheinen, dass die Vereinigten Staaten ihr Engagement in Europa nicht mehr im bisherigen Umfang aufrechterhalten. Zwar haben die USA auch weiterhin bedeutende Interessen in Europa. Dazu gehören unter anderem wirtschaftliche Interessen, das Interesse, Russlands Imperialismus einzuhegen sowie das Interesse, dass Europa die strategisch wichtige Gegenküste zu den USA bildet. In Deutschland (Stuttgart) sind ihre nationalen Regionalkommandos für Europa und für Afrika stationiert, von denen aus die USA alle Operationen in diesen Teilen der Welt führen. Dieser Strauß von Interessen macht es wahrscheinlicher, dass die USA in

Europa präsent bleiben, als dass sie weitgehend abziehen. Dagegen werben die USA für eine Beteiligung Europas an der Stabilisierung der Pazifikregion, in der die Europäer ja auch Interessen haben.

Für diese neue Rolle ist es wichtig, dass die Europäer für eine angemessene Ausrüstung ihrer Streitkräfte sorgen. Auch in diesem Bereich muss schnell gehandelt werden – übrigens ist das auch ein Gebot für die Länder, die Truppen in NATO-Aufgaben haben. Selbst wenn eine solche bessere Ausrüstung schneller angegangen werden kann als in Deutschland nach der sog. Zeitenwenderede, ist doch klar, dass diese Aufgabe lange dauert und viel Geld kostet. Hier ist langer Atem nötig, in Demokratien ein nicht einfaches Unterfangen. Es ist aber unausweichlich, wenn die Europäer auf alle – oder sehr viele – möglichen Szenarien vorbereitet sein wollen.

Gerade an diesem Punkt, der Schaffung einer europäischen Verteidigungsidentität, haben sich die Geister in der EU immer wieder geschieden. Wie weit soll zum Beispiel die Integration von Streitkräften gehen? Es besteht eine sehr enge Verzahnung von Truppenkörpern bis hin zu einer nahezu völligen Integration, wie es zum Beispiel die Niederlande und Deutschland im deutsch-niederländischen Korps betreiben. Sind Staaten bereit, dafür Souveränitätsrechte abzugeben? Können das nationale Regierungen tun oder müssen Verfassungen geändert werden – wie in Deutschland –, was bedeutet, dass dafür Zweidrittelmehrheiten in den Parlamenten nötig sind? Das Kernproblem bleibt, dass die Verantwortung für den Einsatz von Streitkräften bis auf Weiteres bei den Nationen liegt.

Es ist unrealistisch, mit allen EU-Partnern eine Sicherheitsunion zu erreichen. Das sollte diejenigen, die eine solche eingehen wollen, aber nicht daran hindern, es zu tun. Für ein solches Vorgehen gibt es Beispiele: In den 1980er Jahren wurde über ein „Europa der zwei Geschwindigkeiten" diskutiert. 1994 erarbeiteten der

CDU-Außenpolitiker Karl Lamers und sein Parteikollege Wolfgang Schäuble ein Papier, in dem das Konzept eines Europas der zwei Geschwindigkeiten umrissen wurde. Dieses Konzept wurde später auch angewandt. Es besteht darin, dass einige Staaten ihre Integration in bestimmten Bereichen vertiefen, während andere sich dafür mehr Zeit nehmen, um die Voraussetzungen zu schaffen. Die Einführung des Euro war ein solcher Schritt, ebenso der Abschluss des Schengen-Abkommens zur Abschaffung der innergemeinschaftlichen Grenzkontrollen, um nur zwei zu nennen. Eine Sicherheitsunion könnte diesem Beispiel folgen.

Die Sicherheitsunion muss auch für die Staaten offenstehen, die sich zunächst nicht einbringen können. Zu einer solchen Sicherheitunion müsste auch Großbritannien gehören. Bisher hat sich Großbritannien einer europäischen Sicherheitspolitik verweigert, da es diese in der NATO verankert sah. Aber auch in London wird – trotz der engen Verbundenheit mit den USA – auffallen, dass Washington sich aus Europa zurückziehen könnte, man hier also Optionen für neue Formen der Zusammenarbeit vorhalten muss. So könnte eine sicherheitspolitische Komponente der EU mit einer doch beachtlichen – zunächst „nur" politischen, später auch militärischen – Kraft aufgestellt werden. Ein britischer Beitrag dazu wäre wesentlich.

Die Europäer müssen sich auch mit der Frage beschäftigen, wie ein sicherer Nuklearschirm die Sicherheit des Kontinents erhöhen kann. Zum einen ist ein solcher Schirm immer dann wichtig, wenn die konventionelle Verteidigungsfähigkeit nicht ausreichend ausgebaut ist. Im „Kalten Krieg" galt der Nuklearschutz durch die USA für das damalige Westeuropa als besonders wichtig, solange man annahm, dass der Warschauer Pakt konventionell stärker war als die Verteidigungskräfte der NATO. Die damalige Strategie der

„massiven Vergeltung" war Ausdruck dieser Lage. Später, als die NATO konventionell besser dastand, konnte die Strategie der „flexiblen Antwort" eingeführt werden.

Zum anderen müssen sich die Europäer gewärtigen, dass unter Umständen der US-Schutzschirm nicht mehr voll greift. Zwar haben beide Lager in den USA – die Republikaner und die Demokraten – versichert, dass sie an diesem Schutzschirm festhalten werden. Da Sicherheitspolitik immer für ein „Worst-Case-Szenario" vorbereiten muss, ist Vorsorge für den – vielleicht erst in recht ferner Zukunft gelegenen – Fall zu treffen, dass wir in Europa ohne die umfassende US-Hilfe auskommen müssen.

In Europa gibt es zwei Nuklearmächte: Frankreich und Großbritannien. Frankreichs Präsident Macron hat Gespräche darüber angeboten, ob und wie die französischen Nuklearwaffen zu einem europäischen Schild ausgebaut werden können. Wenn Großbritannien zur Sicherheitsunion gehören sollte, wären auch mit London Gespräche über dieses Thema nötig. Dann könnten die beiden Staaten einen Euro-Schutzschirm anbieten.

Nun sind Nuklearwaffen vor allem politische Waffen. Wenn Frankreich und Großbritannien diesen Schutz bieten, sind die beiden Staaten auch automatisch in einer Führungsrolle für eine europäische Sicherheitsunion. Deutschland wäre da ein Juniorpartner. Das entspräche der gegenwärtigen Performance Deutschlands in Sicherheitsfragen, nicht aber seinem eigenen Anspruch. Allerdings hätte Deutschland weder eine politische Mehrheit in der Bevölkerung noch die nötigen Finanzmittel, um eine eigene Nuklearmacht aufzubauen. Zudem hat Deutschland im Zwei-Plus-Vier-Vertrag, der die Grundlage für die völlige Souveränität des vereinigten Deutschlands regelt, völkerrechtlich verbindlich auf die Entwicklung, den Erwerb und den Besitz von Nuklearwaffen verzichtet.

Die NATO hat durch die nukleare Planungsgruppe ein Verfahren gefunden, wie die Nuklearpolitik der Allianz politisch gesteuert wird. Dieser Gruppe gehört Deutschland an. Ein weiteres Element ist die nukleare Teilhabe, also die Bereitstellung von Trägersystemen für Nuklearsprengköpfe durch Deutschland. Damit wird dem Umstand Rechnung getragen werden, dass Deutschland keine eigenen Systeme hat. Natürlich wird die letzte Entscheidung immer bei den Nuklearmächten bleiben. Die europäische Sicherheitsunion könnte ähnlich verfahren – neue Nuklearmächte dürfen nicht entstehen. Das widerspräche auch dem Atomwaffensperrvertrag, auf dessen Einhaltung der Westen trotz der vermuteten Regelverletzungen anderswo festhalten sollte.

Die EU würde in ihrer jetzigen Form bestehen bleiben und sich auch um eine weitere Integration bemühen. In den Bereichen, in denen sich einige Staaten zu einer engeren Form der Zusammenarbeit bereitfinden, sollte dies aktiv gefördert werden. Dies ist nach dem EU-Vertrag ausdrücklich möglich. Die EU könnte dann als Akteur in der Wirtschafts- und allgemeinen Außenpolitik besser gemeinsam auftreten. In den Bereichen, bei denen nicht alle mitmachen, wäre eine europäische Handlungsfähigkeit aber dennoch gegeben. Die EU-Staaten könnten so den Streit zwischen Erweiterung und Vertiefung entschärfen.

Allerdings muss auch bei diesem neuen Konzept der EU klar sein, dass Staaten, die den Grundkurs nicht mitgehen wollen, nicht aufgenommen werden können. Gegen Mitgliedstaaten, die die EU-Regeln nicht beachten, kann schon jetzt von der EU-Kommission ein „Rechtsstaatsverfahren" eingeleitet werden, das bis zur Einschränkung der Stimmrechte gehen kann. Zurzeit ist noch gegen Ungarn ein solches Verfahren anhängig, das Verfahren gegen Polen wurde eingestellt. Von der Möglichkeit, die das Rechtsstaatsverfahren bietet, muss mehr und deutlicher Gebrauch gemacht werden. Es muss klar sein, dass die EU nicht nur ein Klub ist, aus dem man wirtschaftliche Vorteile ziehen kann, sondern einer, zu dessen Mitgliedschafts-DNA auch die Einhaltung der Regeln, demokratischer Standards und Werte gehört. Um diese müssen die Staaten auch kämpfen, sodass – wie im aktuellen Fall der Ukraine – auch eine nötige Sanktionspolitik mitgetragen werden muss.

So entsteht eine sicherheitspolitische Ordnung in und für Europa, in der Klarheit für einen europäischen Handlungsrahmen geschaffen wird. Diese Ordnung muss rechtlich, finanziell und politisch unterfüttert werden. Die verantwortlichen Politiker in der EU und in den Mitgliedsländern sind dringend gehalten, für diese sicherheitspolitische Ordnung einzutreten und zu werben. Die Zeit drängt. Die politisch Verantwortlichen müssen diese Veränderung jetzt betreiben. Sie müssen mit den Partnerregierungen und mit den Bevölkerungen aktiv in einen Dialog treten.
Ein Weiter-so geht nicht mehr.

DIE AUTOREN

DETLEF PUHL

Detlef Puhl arbeitete in den vergangenen Jahren als freier Autor zu sicherheitspolitischen Themen unter anderem für „Europäische Sicherheit und Technik" und für die „Visions franco-allemandes" des französischen Instituts für Internationale Beziehungen, sowie für den Blog „Boulevard Exterieur". Zuvor war er bis 2016 als „Senior Advisor for Strategic Communication" für den Beigeordneten NATO-Generalsekretär für „Neue Sicherheitsherausforderungen" im Internationalen Stab des atlantischen Bündnisses in Brüssel tätig. Davor, von 2008 bis 2011, war er vom deutschen Verteidigungsministerium nach Paris entsandt, um als Beigeordneter Direktor in der „Délégation aux Affaires Stratégiques", dem Planungsstab im französischen Verteidigungsministerium zu dienen. Von 2002 bis 2008 hat er die Funktion des Stellvertretenden Dekans am „College for International and Security Studies" des George C. Marshall Center in Garmisch-Partenkirchen ausgeübt, einer gemeinsamen Einrichtung des deutschen und des US-Verteidigungsministeriums zur Ausbildung von und zur Zusammenarbeit mit Vertretern aus Mittel- und Osteuropa und Eurasien. Von 1998 bis 2001 war er Leiter des Presse- und Informationsstabes und Sprecher des deutschen Verteidigungsministeriums in Berlin und Bonn. Zuvor hatte er lange Jahre als Journalist gearbeitet, seit 1986 als militär- und sicherheitspolitischer Korrespondent der „Stuttgarter Zeitung" in Stuttgart, ab 1995 in Bonn.

ROLF CLEMENT

Geboren am 10. August 1953 in Stuttgart, verheiratet, drei Töchter, einen Enkel, 1972 Abitur in Bonn, 1972–1974 Bundeswehr (Reserveoffizier), 1974–1980 Studium der Rechtswissenschaften an der Universität Bonn, 1980–1984 Korrespondent für Regionalzeitungen in Bonn (Mannheimer Morgen, Mainzer Allgemeine, Neue Osnabrücker Zeitung, Donaukurier Ingolstadt, Flensburger Tageblatt, Trierischer Volksfreund, Wetzlarer Neue Zeitung), 1984–1989 Korrespondent des NDR in Bonn, 1989–2017 Deutschlandfunk, von 1993–2007 Leiter der Abteilung Hintergrund, 2007–2017 Mitglied der Chefredaktion und Sonderkorrespondent Sicherheitspolitik, 2017–2023 Chefredakteur der Europäischen Sicherheit und Technik.

Freie Autorentätigkeit für verschiedene Medien (u.a. TV-Sender Phoenix) sowie Lehrbeauftragter an der FH Bund in Brühl.

Seit 2002 Mitglied im Beirat für Fragen der Inneren Führung, Sprecher der Arbeitsgruppe Bundeswehr und Gesellschaft, 2006–2023 Stellvertretender Sprecher des Beirats.

Mitglied in der Studiengruppe Strategien der Deutschen Gesellschaft für Auswärtige Politik, Träger des Karl-Carstens-Preis 1999 der Bundesakademie für Sicherheitspolitik, Autor des Buches „50 Jahre Bundeswehr" und „Die Terroristen von nebenan", der Broschüre „60 Jahre Bundeswehr", zahlreiche Moderationen für verschiedene Institutionen.

DANKSAGUNG

Wir sind zahlreichen Menschen aus der Bundeswehr, der NATO, der Industrie und der Wissenschaft sehr dankbar, die sich mit uns über die Themen und Thesen dieses Buches unterhalten haben. Wir haben den Gesprächspartnerinnen und Gesprächspartnern Vertraulichkeit zugesichert. Daran halten wir uns natürlich.

Wir danken dem Maximilian Verlag und dem Verleger Peter Tamm für die Chance, das Buch veröffentlichen zu können. Zugleich bedanken wir uns bei Sylvia Fuhlisch, Meike Nieberding und dem gesamten Verlagsteam für die Unterstützung und Begleitung bei der Erstellung.

Ein Gesamtverzeichnis der lieferbaren Titel schicken wir
Ihnen gerne zu. Bitte senden Sie eine E-Mail mit Ihrer Adresse
an vertrieb@koehler-mittler.de
Sie finden uns auch im Internet unter www.koehler-mittler-shop.de

Bibliografische Information der Deutschen Nationalbibliothek
Die Deutsche Nationalbibliothek verzeichnet diese Publikation in
der Deutschen Nationalbibliografie; detaillierte bibliografische
Daten sind im Internet über http://portal.dnb.de abrufbar.

ISBN 978-3-8132-1128-3

© 2024 by Mittler im Maximilian Verlag GmbH & Co. KG
Stadthausbrücke 4, 20355 Hamburg, Deutschland
Ein Unternehmen der TAMMMEDIA

Text: Rolf Clement, Detlef Puhl
Lektorat: Tim F. Kramer
Buchgestaltung: SW Design
Coverabbildung: freepik.com
Druck und Bindung: Plump Druck & Medien GmbH,
Rolandsecker Weg 33, 53619 Rheinbreitbach
Gedruckt in Deutschland.